SPIELE
AUF DEM LAND

Zusammengestellt von **ROSINA WÄLISCHMILLER**
und illustriert von **JUTTA LUGERT**

Vorwort

Woche für Woche führen wir Sie durch das Jahr – und in Ihre Kindheit zurück

Ein sechsjähriger Junge aus unserem Bekanntenkreis hat neulich ein Buch durchgeblättert, in dem ein Foto abgebildet war, das Kinder beim Sackhüpfen zeigt. Daraufhin fragte er seine Mutter: „Mama, was machen die Kinder denn da?"

Auch wegen solcher Kinderfragen und weil es immer seltener gute Antworten auf sie gibt, haben wir unser Buch „Spiele auf dem Land" für Sie zusammengestellt, beschrieben und illustriert. Über 200 traditionelle Spiele sind so zusammengekommen. Woche für Woche führen wir Sie durch das ganze Jahr – und in Ihre Kindheit zurück. Woche für Woche erinnern wir Sie an Spiele für drinnen und draußen, für jedes Alter und für jedes Wetter. Spiele, mit denen die meisten von uns aufgewachsen sind: Gummitwist zum Beispiel, Völkerball, Wer hat Angst vorm Schwarzen Mann?, Blechdosen zum Telefonieren. Geht es Ihnen da nicht genauso? Sagen Sie nicht auch: „Ach, stimmt, das haben wir damals auch gespielt! Wie ging das nochmal?"

Wie es früher war, das treibt uns an in der Redaktion von „Grüß Gott".
Im Herbst 2016 haben wir die Website www.gruess-gott.eu gestartet, um über „Das Beste aus dem Alpenland" zu berichten: das Land, seine Menschen und seine Traditionen. Wir begegnen altem Wissen, das uns heute noch prägt und das wir gerne weiterverbreiten. Und so ist nach „Essen auf dem Land" und „Weihnachten auf dem Land" nun unser drittes Buch „Spiele auf dem Land" entstanden. Wenn Sie mit uns gern diese Zeitreise unternehmen, wenn Sie sich für abwechslungsreiche Beschäftigungen mit Ihren Kindern in der Familie, im Kindergarten oder in der Schule inspirieren lassen, dann hat sich dieses Buch gelohnt.

Danken möchte ich vor allem Rosina Wälischmiller für die Recherche und die Texte, Jutta Lugert für die Illustrationen, Oliver Rezec für die redaktionelle und gestalterische Gesamtkomposition sowie Simone Calcagnotto, die dafür gesorgt hat, dass unsere Ideen und Bilder am Ende zu dem Buch geworden sind, das Sie heute in Händen halten.

André Lorenz
Redaktionsleiter von „Grüß Gott"

Winter

Frühling

Sommer

Herbst

Winter

Wir machen eine Schneeballschlacht

Eine zünftige Schneeballschlacht ist der Winterspaß schlechthin. Je mehr Kinder dabei mitmachen, desto besser. Gespielt wird entweder jeder gegen jeden oder es treten zwei Mannschaften gegeneinander an. Feste Regeln gibt es nicht, sie können frei bestimmt werden.

Zum Beispiel kann für jede Mannschaft eine Wurflinie festgelegt werden, die nicht übertreten werden darf. Oder die Mannschaften verschanzen sich hinter selbstgebauten Schneewällen.

Auch der Sieger oder die Sieger sind meist nur schwer auszumachen, da die gegnerischen Treffer kaum zu zählen sind. Das Ziel der Schneeballschlacht ist erreicht, wenn alle Teilnehmer tüchtig mit Schnee bedeckt sind.

Hut ab!
Hinter den Schutzwällen der Mannschaften ragt auf einer Stange ein Hut heraus. Die Mannschaft, die es als erste schafft, den Hut der Gegner abzuwerfen, hat die Schneeballschlacht gewonnen.

Dosenwerfen mit Schneebällen
Dazu werden auf einer Gartenmauer, einem Hocker oder auf einem selbstgebauten Schneeblock Dosen aufgebaut, die es mit den Schneebällen „abzuräumen" gilt. Wer dazu die wenigsten Würfe braucht, ist Sieger.

Weitwurf
Von einer Wurflinie aus werfen die Spieler ihre Schneebälle, so weit es geht. Wer schafft den weitesten Wurf?

Zielwerfen
Das Ziel kann ein Baumstamm, ein Zaunpfosten oder etwas ähnliches sein. Nun darf jeder Mitspieler von einer Wurflinie aus mit einer bestimmten Anzahl von Schneebällen darauf zielen. Wer die meisten Treffer landet, hat gewonnen. Natürlich kann man für dieses Spiel auch irgendwo eine Zielscheibe aufhängen, zum Beispiel eine etwas größere Holzscheibe oder ein Brett.

→ FÜR DRAUSSEN
Schnee-Engel

Das kann jedes Kind, das tut jedes Kind und das haben auch schon Oma und Opa gemacht, als sie noch klein waren: mit dem eigenen Körper einen Engel in den Schnee malen. Einfach rückwärts in den Schnee plumpsen lassen, Arme und Beine ausbreiten und sie ein paarmal hin- und herbewegen. Die Spuren, die im Schnee zurückbleiben, sehen aus wie ein Engelsbild. Wer „zeichnet" den schönsten Engel?

→ ZUM BASTELN
Eismedaillons

DAS BRAUCHT'S …
- Deckel von Marmeladen- und Gurkengläsern (oder andere kleine, runde, flache Gefäße)
- Zweige, Blätter, Nüsse, getrocknete Früchte
- Faden
- Wasser

… UND SO GEHT'S
Die Zweige, Blätter, Nüsse oder getrockneten Früchte werden in den Deckeln hübsch angerichtet. Der Faden wird in Schlaufenform so dazugelegt, dass er über den Gefäßrand hinausragt. Vorsichtig Wasser dazugießen, dann die Deckel nach draußen stellen und warten, bis das Wasser gefroren ist. Spätestens am nächsten Tag sind die bunten Eismedaillons fertig und können im Garten aufgehängt werden.

→ FÜR DRINNEN
Keiner berührt den Boden!

Dieses Spiel hat schon die Schriftstellerin Astrid Lindgren Anfang des letzten Jahrhunderts mit ihren Geschwistern gespielt – und später, in ihren Büchern, haben auch Pippi Langstrumpf und ihre Freunde Tommy und Annika ihren Spaß daran.
Das Ziel des Spiels ist es, von der hintersten Ecke des Zimmers aus die Tür zu erreichen, ohne dabei den Boden zu berühren. Das heißt, man krabbelt vom Sofa auf den Tisch, von dort auf einen Stuhl, eventuell auf ein Kissen, das man auf den Boden wirft, und so weiter. Wer den Boden berührt, scheidet aus, und wer als erster die Tür erreicht, hat gewonnen.
Wenn das Zimmer zu wenig Klettermöglichkeiten bietet, können zusätzliche Stühle oder Hocker platziert werden. Allerdings sollte man es auch nicht zu einfach machen, denn etwas Herausforderung muss schon bleiben …

Wer diese Reime aufsagt, malt gleichzeitig ein Gesicht oder eine Figur aufs Papier (oder in den Schnee)

REIME

Punkt, Punkt, Komma, Strich,

fertig ist das Mondgesicht!

Arme wie 'ne Acht, ist das nicht 'ne Pracht?

Füße wie 'ne Sechs, ist das nicht 'ne Hex?

Haare wie ein Stachelschwein:

Ist des Königs Töchterlein!

Langer Käse, runde Butter,

fertig ist die Schwiegermutter!

Lampeln

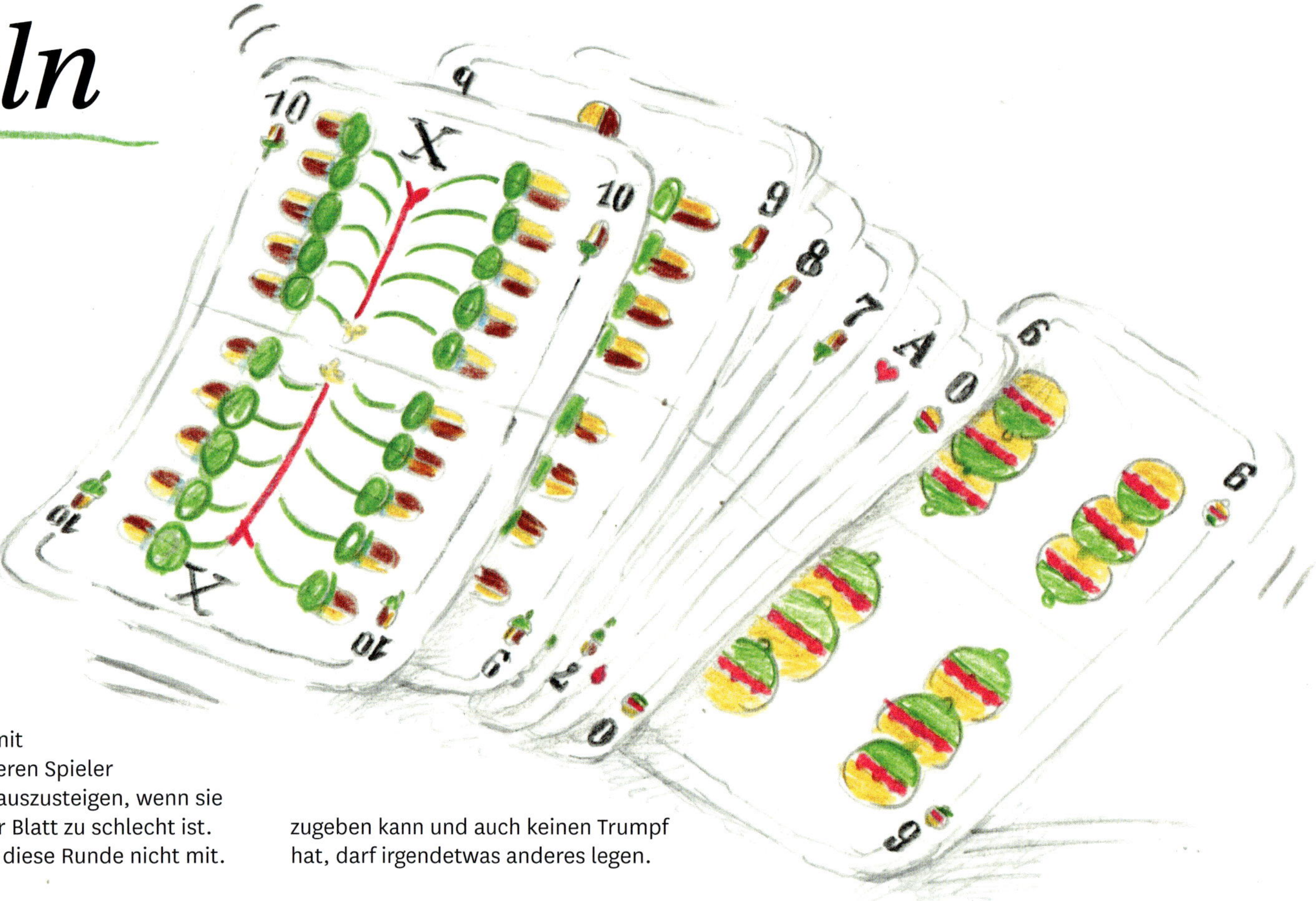

Dieses alte bayerische Kartenspiel für drei oder vier Spieler vertreibt an trüben Nachmittagen ganz schnell die Langeweile. Gespielt wird natürlich mit bayerischen Spielkarten. Die 6er werden aussortiert, fürs Lampeln braucht man also nur die 7er, 8er, 9er, 10er, Unter, Ober, Könige und Sauen (so werden die Asse genannt). Das sind 32 Karten.

Es werden alle Karten ausgegeben – auch dann, wenn nur drei Spieler spielen. Die Karten für den vierten, nicht vorhandenen Spieler liegen dann als sogenannter „Mist" bereit. Erst werden je drei Karten ausgegeben, dann je zwei, schließlich nochmal je drei. Eine Besonderheit gibt es: Sobald der Geber sich selbst die zwei Karten gibt, legt er die zweite davon offen auf seinen Stapel (anstatt verdeckt wie üblich). Die Farbe, die diese Karte zeigt, ist Trumpf für dieses Spiel.

Sind die Karten verteilt, schaut sich jeder Spieler sein Blatt an: Gut sind möglichst hohe Karten oder viele Trumpfkarten (oder beides). Spielt man nur zu dritt, darf ein Spieler seine Karten beiseite legen und stattdessen auf gut Glück den „Mist" nehmen. Der Spieler links vom Geber hat dabei den ersten Zugriff: Verzichtet er, hat reihum der Nächste die Wahl. Niemand muss den „Mist" nehmen, aber wer ihn nimmt, muss ihn komplett

nehmen und damit spielen. Die anderen Spieler haben die Wahl auszusteigen, wenn sie glauben, dass ihr Blatt zu schlecht ist. Sie spielen dann diese Runde nicht mit.

Ziel des Spiels ist es, möglichst viele Stiche zu machen. Zunächst spielt der Spieler links vom Geber eine Karte aus. Nun müssen ringsum im Uhrzeigersinn alle Spieler Karten der gleichen Farbe dazulegen. Wer die höchste Karte wirft, dem gehört der Stich. Wer keine Karte der gespielten Farbe hat, muss eine Karte der Trumpffarbe zugeben. Sie sticht, sofern nicht ein anderer Spieler noch einen höheren Trumpf legt. Nur wer keine Farbe

zugeben kann und auch keinen Trumpf hat, darf irgendetwas anderes legen.

Die höchste Karte ist immer die Trumpfsau, also das Ass der Trumpffarbe. Die zweithöchste Karte ist immer (egal, welche Farbe Trumpf ist) der Schellen-7er oder „Welli".

Wer den Stich gemacht hat, darf als nächster eine Karte ausspielen. Sind alle Karten gespielt, wird ausgezählt: Wer die meisten Stiche hat, hat diese Runde gewonnen.

→ FÜR DRINNEN

A-ram-sam-sam

Dieses alte Klatsch-Spiel-Lied macht vor allem kleineren Kindern Spaß:

Bei **A-** und **-ram** wird jeweils in die Hände geklatscht, bei jedem **-sam** patschen die Hände auf die Oberschenkel.

Bei **gulli gulli gulli gulli** legt man die Unterarme quer vor die Brust und dreht sie umeinander (so wie die Daumen beim Däumchendrehen).

Bei **Arabi, arabi** gehen die Arme in die Luft und die Handflächen drehen sich nach hinten und vorne.

Wenn man immer schneller singt, dann kommt man mit den Bewegungen bald ganz durcheinander. Das Ganze wiederholen, solange es Spaß macht.

A - ram-sam-sam, a - ram-sam-sam, gul-li

gul-li gul-li gul-li gul-li ram-sam-sam.

A - ra - bi, a - ra - bi, gul-li

gul-li gul-li gul-li gul-li ram - sam - sam.

→ ZUM BASTELN

Schneelicht

DAS BRAUCHT'S …
- Schnee
- ein Teelicht oder eine Kerze

… UND SO GEHT'S
Aus dem Schnee werden kleine Bälle geformt und aus ihnen ein Kreis gelegt. Die nächsten

Schneebälle werden so darauf gestapelt, dass ein kleines Iglu oder eine Art Pyramide entsteht. Oben wird eine kleine Öffnung gelassen, sodass man die brennende Kerze hineinstellen kann. Das bringt eine schöne Stimmung in den winterlichen Garten!

→ FÜR DRAUSSEN

Schneeplätzchen backen

Mit Mamas Plätzchen-Formen und schön festem Pappschnee habt ihr alles, was ihr für eure Schnee-Bäckerei braucht.

ZWEI RÄTSEL

Fällt herab vom Himmel, ist weißer als ein Schimmel, wie ein Bettchen weich. Zerfließt zu Wasser gleich Und macht dann nass – was ist wohl das?

Der Schnee

Draußen steht ein weißer Mann, der sich niemals wärmen kann. Wenn die Frühlingssonne scheint, schwitzt der weiße Mann und weint! Wird klein und immer kleiner. Was ist das wohl für einer?

Ein Schneemann

Es kommt ein gold'ner Wagen

auch bekannt als: Machet auf das Tor, Brückenspiel, Goldene/Englische/Faule Brücke ...

Dieses Spiel ist in ganz Deutschland und vielen anderen Ländern bekannt. Man geht davon aus, dass es schon sehr alt ist. Deshalb gibt es verschiedene Varianten, die sich eigentlich nur durch die aufgesagten Sprüche voneinander unterscheiden. Das Spiel geht immer so:

Zwei Kinder, die vorher heimlich abgemacht haben, wer Engel und wer Teufel ist, stellen sich gegenüber und fassen einander an den Händen. Sie bilden das Brückentor, das zunächst geschlossen ist: Die Arme sind unten. Alle anderen Kinder stellen sich hintereinander vor der Brücke auf und fassen sich an den Schultern.

In einer verbreiteten Variante des Spiels singen oder sagen die Kinder dann: „Machet auf das Tor, machet auf das Tor! Es kommt ein goldener Wagen. Was will er, will er denn? Was will er, will er denn? Die Schönste will er haben."
Nun heben die „Brücken-Kinder" die Schranke an, lassen den Zug durch und singen oder sagen dabei: „Die Erste nicht, die Zweite nicht, die Dritte will er haben!" Beim dritten Kind senken sie die Arme und nehmen es gefangen. Der „Gefangene" kann sich nun entscheiden, hinter welches der „Brücken-Kinder" er sich stellen will (ohne zu wissen, welches davon das Engelchen und welches das Teufelchen

ist). Dort bleibt er stehen, bis schließlich alle Kinder gefangen wurden.
Am Ende dürfen sich alle Kinder, die hinter dem Engel stehen, nacheinander auf die Arme der „Brücken-Kinder" legen und werden sanft geschaukelt. Dabei singen oder sagen die Kinder folgendes Sprüchlein: „Engelchen

werden getragen, in einem Puppenwagen. Der Puppenwagen kracht" (dabei wird das Kind sanft abgesetzt), „das Engelchen, das lacht." Wer sich hinters Teufelchen gestellt hat, muss sich zwischen die Arme der „Brücken-Kinder" stellen und wird dort hin- und hergeschubst: „Es rumpelt und pumpelt in meinem Haus.

Der Teufel, der Teufel zum Tor hinaus!" Bei den letzten Worten öffnen die Teufelchen eine Seite der Arme und schupsen das Kind hinaus.

In einer anderen Variante gibt es einen Dialog zwischen den „Brücken-Kindern" und den Kindern, die durch das Brückentor hindurch laufen:
„Wo kommt ihr her?"
„Vom Schwarzen Meer."
   „Warum seid ihr so schwarz?"
   „Weil wir keine Seife haben."
   „Was wollet ihr?"
   „Über die goldene Brücke fahren."
   „Was gebt ihr her dafür?"
   „Den hintersten Soldaten. Wenn du ihn erwischst, magst du ihn haben."
Dann heben die „Brücken-Kinder" die Arme hoch, um die anderen Kinder durchzulassen. Dabei sagen sie: „So fahrt hinein, so fahrt hinein! Der Letzte soll gefangen sein."
Der Rest funktioniert wie gehabt: Der Häftling entscheidet sich, hinter welches „Brücken-Kind" er sich stellt. Sind alle Kinder gefangen, werden die Kinder hinter dem Engel geschaukelt, die Kinder hinter dem Teufel werden geschubst.

→ FÜR DRINNEN

Abdreschen

Mit diesem Spiel, das in Bayern „Fingerbratzeln" hieß, haben sich vor allem die Buben gerne die Zeit vertrieben – auch wenn sich mancher dabei tapfer die Tränen verkneifen musste.

Bevor es losgeht, wird festgelegt, wie viele Runden gespielt werden. Dann stellen sich die ersten beiden Spieler gegenüber. Jeder streckt Zeige- und Mittelfinger seiner beiden Hände aus, die Finger werden so aneinander gelegt, dass die Fingerkuppen einander berühren.

Jetzt beginnt die Nervenprobe: Der Spieler, der als erster blitzschnell mit seinen Fingern auf die Finger des Gegners schlägt und trifft, bekommt einen Punkt. Er hat die erste Runde gewonnen.

Jeder Treffer bringt einen Punkt. Aber jedes Zurückzucken, bevor der Mitspieler überhaupt losgeschlagen hat, wird mit einem Punktabzug bestraft.

Wer am Ende der letzten Runde die meisten Punkte hat, ist Sieger.

→ ZUM BASTELN

Murmelbahn im Schnee

DAS BRAUCHT'S ...
- Schnee
- Murmeln

... UND SO GEHT'S

Aus Schnee wird eine Kullerbahn mit vielen Kurven, Neigungen und vielleicht sogar einem Tunnel oder einer Schanze geformt. Die Bahn mit Wasser besprühen und gefrieren lassen, sodass sie fest und glatt wird – dann kann das Murmelrennen beginnen!

BÖSES SPRÜCHLEIN

Müller, Müller, Mahler,

die Mädchen kost'n ein' Taler.

Die Buben kost'n ein' Hühnerdreck,

die kehr'n wir mit dem Besen weg.

Die Mädchen komm' ins Himmelreich –

die Buben in den tiefen Teich!

→ FÜR DRAUSSEN

Eisstockschießen

Früher hatte fast jeder Bub einen eigenen Eisstock, oft einen selbstgebauten. Kaum waren Bäche, Flüsse, Seen und Weiher zugefroren, ging es auf dem Eis heiß her. Beim Eisstockschießen kämpfen zwei Mannschaften (im Bayerischen heißen sie „Moarschaften") gegeneinander. Zunächst wird ein langes Spielfeld abgesteckt. Dann wird darauf die Daube – ein kleiner Holzklotz – ausgeworfen. Nun schießen die Spieler der beiden Mannschaften abwechselnd ihre Eisstöcke.

Ziel ist es, den Stock möglichst nah an der Daube zu platzieren. Landet ein Stock außerhalb des Spielfeldes, wird er samt seinem Spieler für diese Runde aus dem Spiel genommen. Das gilt auch für gegnerische Stöcke und ihre Besitzer, wenn es einem gelingt, sie aus dem Spielfeld herauszuschießen. Nimmt ein Stock die Daube mit ins Aus, wird sie entweder erneut ausgeworfen – oder die Mannschaft, die sie ins Aus geschossen hat, hat verloren. Da gelten die Regeln, die vorher vereinbart wurden.

Haben beide Mannschaften alle ihre Stöcke platziert, bekommt die Mannschaft, deren Stock am nächsten bei der Daube liegt, dafür zum Beispiel drei Punkte. Für alle weiteren Stöcke, die näher an der Daube liegen als die der Verlierer, gibt es noch zwei Punkte. Dann beginnt die nächste Runde. Gewiefte Eisstockschützen haben immer ein Maßband in der Hosentasche, um im Zweifelsfall die Abstände ganz genau auszumessen.

Wir bauen ein Iglu

Am einfachsten und schnellsten baut man ein Iglu aus einem großen Schneehaufen. Je größer das Iglu werden soll, desto größer muss natürlich der Schneehaufen sein. Am besten zieht man einen Kreis als Grundfläche und schaufelt allen Schnee hinein. Ist der Haufen groß genug und gut festgeklopft, beginnt wie bei einer Sandburg das vorsichtige Aushöhlen: Von der Türöffnung aus bohrt man sich immer weiter ins Innere, bis die Höhle groß genug ist, um darin zu sitzen. Besonders stabil wird das Iglu, wenn man es über Nacht mit Wasser begießt, sodass es festfriert.

Aber Vorsicht, auch wenn das Iglu noch so stabil wirkt: Kleinere Kinder sollten nie alleine darin spielen, denn das wäre zu gefährlich, falls das Iglu doch mal zusammenkracht.

Eine andere Bauweise geht so: Ein paar leere Plastikkisten mit geradem Rand sind gut, um Schneeziegel zu formen. Dazu füllt man die Kisten mit Schnee, klopft ihn schön fest und kippt dann Ziegel für Ziegel heraus. Damit die Teile schön stabil werden, kann man etwas Wasser in die Kisten gießen, bevor der Schnee reingeschaufelt wird. Aus den Ziegeln wird dann das Iglu gebaut, beginnend mit einem Kreis, der nach oben immer enger wird. Irgendwann ist das Loch so klein, dass es sich mit zwei gegeneinander stehenden Ziegeln verschließen lässt.

→ FÜR DRINNEN

U-Haken zum Verschießen

Damit haben sich schon Generationen von Schülern über öde Unterrichtsstunden gerettet: Es ist die einfachste Variante einer Zwille oder Schleuder. Man braucht dazu bloß einen großes Haushaltsgummiband und ein paar Papierstreifen von etwa 5 cm Länge.
Die Streifen werden ein paar Mal längs zusammengefaltet und dann so in der Mitte geknickt, dass sie die Form eines U haben. (Naja, ehrlich gesagt schauen sie meistens eher aus wie ein V …) Nun wird das Gummiband um Daumen und Zeigefinger einer Hand gespannt, die andere hängt den Papierhaken in der Mitte des Gummis ein und zieht fest daran, sodass das Gummiband gespannt wird. Wenn man loslässt, schießt das U-Hakerl davon, zum Beispiel auf eine Zielscheibe.

→ ZUM BASTELN

Schneemann-Spiel

DAS BRAUCHT'S …
- Destes Kartonpapier
- Bunte Stifte
- Schere
- Würfel
- Spielfiguren

… UND SO GEHT'S
Das Kartonpapier auf die Größe eines Brettspielfeldes zuschneiden (zum Beispiel 40 x 35 cm). Dann zeichnet man 50 bis 100 Kästchen oder Kreise aufs Papier. Das sind die Felder, die der Schneemann laufen muss. Aufgemalte Pfeile markieren den Weg. Etwa jedes vierte oder fünfte Feld kann man nun bemalen und einzelne Aktionen dazuschreiben, zum Beispiel:
Schneeflocken-Feld: Der Schneemann freut sich über die Kälte und darf gleich nochmal würfeln.

Schneeballschlacht-Feld: Der Schneemann macht mit seinen Freunden eine Schneeballschlacht und setzt einmal aus.
Ski-Feld: Der Schneemann fährt mit Skiern den Berg hinunter und darf drei Felder vor.
Schneesturm-Feld: Der Schneemann verirrt sich und läuft vier Felder zurück.
Sonnen-Feld: Der Schneemann schmilzt durch die Sonne und muss wieder zum Start zurück. (Ein böses Feld! Das sollte es nur einmal geben, und möglichst nicht kurz vor dem Ziel …)
Jetzt kann das fröhliche Spiel beginnen, wie man's kennt: Jeder würfelt und zieht mit seiner Spielfigur entsprechend viele Felder vor. Wer zuerst im Ziel ankommt, ist Schneekönigin oder Schneekönig.

→ FÜR DRAUSSEN

Fehler im Wald

Beim Waldspaziergang wird ein kleines Gebiet abgesteckt und markiert: drei, vier Bäume vielleicht und der Raum dazwischen. Wenn zwei Gruppen gegeneinander spielen wollen, steckt jede sein eigenes Gebiet ab. Dann versteckt man in diesem Gebiet zehn Dinge, die dort nicht hingehören:

Für kleinere Kinder könnte das ein bunter Schal oder ein Spielzeug sein. Wer es schwieriger mag, hat vielleicht ein Holzlineal, einen Wollfaden oder einen kleinen Plastikfrosch mitgebracht. Wer findet alle Fehler? Oder beim Gruppenspiel: Welches Team findet die Fehler zuerst?

Dieses Sprüchlein gibt's auch als Lied – aber das ist nicht ganz so lustig, denn da kommt kein Dreck vor …

Schweinchen auf der Leiter

auch bekannt als: Fadenabheben, Fingerthist, Bettstadl abheben, Cat's cradle ...

Dieses Spiel wird von Kindern auf der ganzen Welt gespielt. Es geht dabei darum, eine Fadenfigur zwischen den Fingern aufzuspannen – und sie dann von einem Mitspieler so abzunehmen, dass daraus eine neue Figur entsteht.

Eine feste Schnur, anderthalb bis zwei Meter lang, wird an den Enden zusammengeknotet. Ein Spieler nimmt den Schnurkreis auf beide Hände, wie einen Strang Wolle zum Abwickeln. Dann schlingt er die Schnur einmal um jede Handfläche. Nun sticht er mit dem Mittelfinger der einen Hand durch die Schnur auf der gegenüberliegenden Handflächenseite und umgekehrt. Dann zieht er die Hände auseinander – die Schnur bildet dann die Anfangsfigur.

Nun muss der andere Spieler die Figur „abheben", das bedeutet: Er greift mit beiden Daumen und Zeigefingern ins Schnurgebilde, führt die Finger durch eine Fadenlücke und nimmt das ganze Gebilde auf, während sein Gegenüber die Finger zurückzieht. Das ist schwer zu beschreiben, man muss einfach mal zuschauen.

Je nachdem, wo man beim Abheben hineingreift und wie man die Fingerspitzen um das Fadengerüst bewegt, entstehen alle möglichen neuen Figuren, die teilweise an Gegenstände erinnern.

Unser Bild zeigt zum Beispiel die „Matratze". Es gibt auch noch die „Straße", den „Spiegel", die „Wiege" (in Bayern auch „Bettstadl" genannt), das „Katzenauge", die „Hosenträger" die „Standuhr" und schließlich noch das „Schweinchen auf der Leiter": Diese Figur erinnerte die Kinder an geschlachtete Schweine, die auf den Bauernhöfen zum Ausnehmen auf eine Leiter gespannt wurden. Früher war dieser Anblick für die Kinder auf dem Land etwas ganz Alltägliches.

Die Daumenfessel ist eine Variante dieses Fadenspiels, die man ganz alleine spielen kann: Wer alles richtig macht, hat mit der letzten Figur seine beiden Daumen gefesselt.

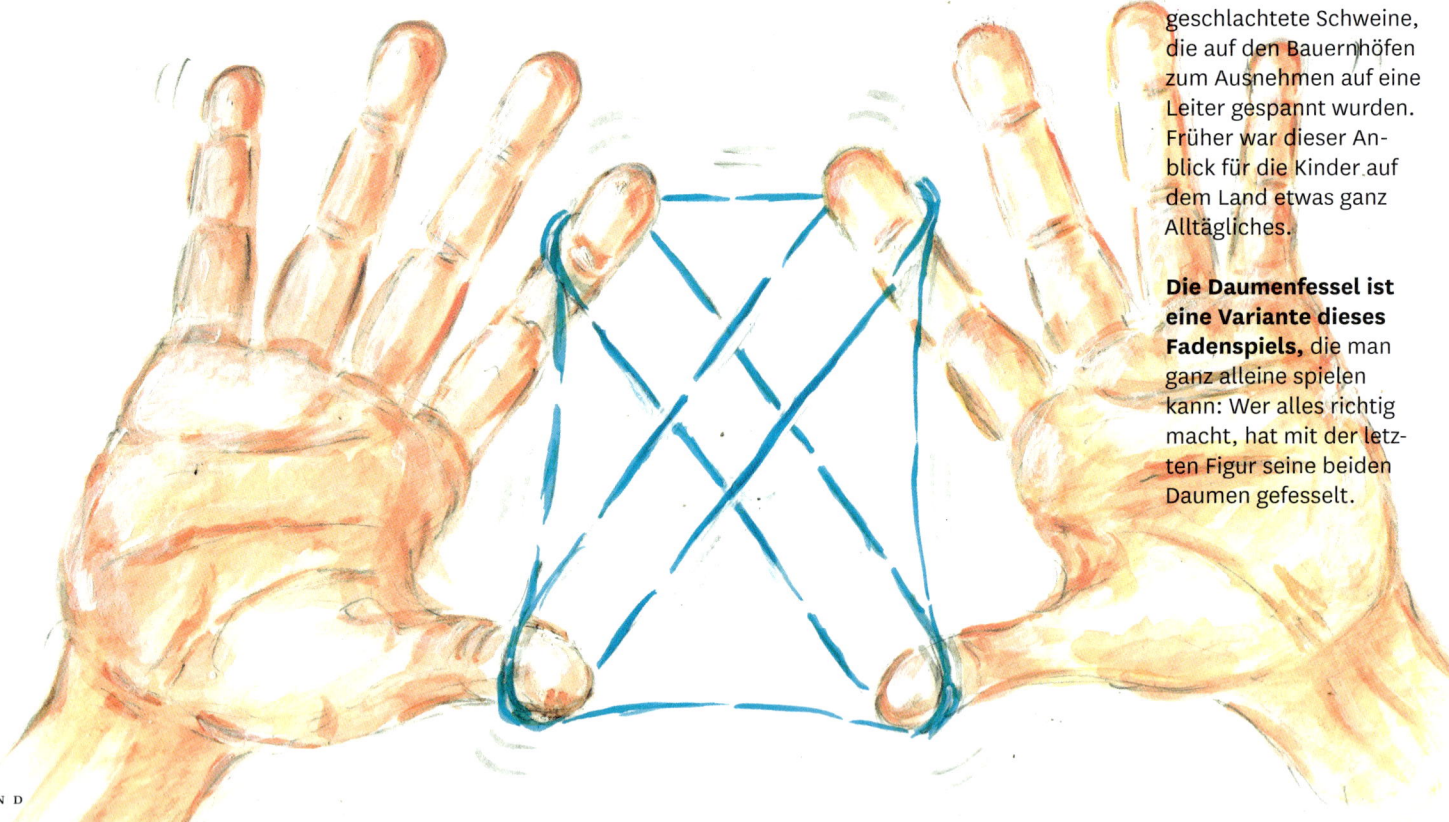

→ ZUM BASTELN
Schnurrer

DAS BRAUCHT'S …
- Einen großen Knopf mit mindestens zwei Löchern
- Einen starken Bindfaden (50 cm)
- Am besten auch Klebeband (4 cm)

… UND SO GEHT'S
Der Bindfaden wird durch zwei Knopflöcher gefädelt, aber nicht strammgezogen wie beim Annähen: Oberhalb und unterhalb des Knopfs soll etwa gleich viel Faden überstehen – er hängt also in der Mitte einer Doppelschnur. Dann nimmt man die Enden des Bindfadens in die Hände und schwingt das Ganze immer in dieselbe Richtung, bis der Faden sich ganz verdrillt hat. Jetzt ist der Moment, um behutsam abwechselnd zu ziehen und locker zu lassen. Durch die schnelle Drehung, die dabei entsteht, fängt der Knopf laut zu schnurren an. Besonders schön klingt er, wenn man das Klebeband dazunimmt: Ein Ende des Streifens auf die Vorderseite des Knopfs, das andere auf die Rückseite, die überstehende Mitte wird mit sich selbst verklebt, sodass der Knopf eine Grifflasche bekommt.

→ FÜR DRAUSSEN
Tretze
auch bekannt als Tratzball, Affen tretzen, Schweinchen/Esel in der Mitte …

An dieses kleine, gemeine und trotzdem recht beliebte Ballspiel erinnern sich auch Erwachsene noch mit Freuden (oder Schaudern):
Alle Spieler bis auf einen stehen mit ein paar Metern Abstand im Kreis oder einfach einander gegenüber. Dazwischen, „in der Tretze", steht der verbliebene Spieler. Nun werfen sich die äußeren Spieler gegenseitig den Ball zu, und der Spieler in der Mitte muss versuchen, den Ball zu fangen. Gelingt es ihm, so muss derjenige in die Mitte, der den Ball geworfen hat. Die Regeln lassen sich erweitern, sodass man auch wegen anderer Fehler in die Mitte geschickt wird: zum Beispiel, wenn man die Spielfeldgrenze übertritt oder den Ball dem direkten Nebenmann zuwirft.

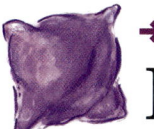

→ FÜR DRINNEN
Die Schwalben fliegen fort

Dieses einfache Fingerspiel gefällt den Jüngsten und verblüfft sie immer wieder: Umwickeln Sie die Spitzen Ihrer beiden Zeigefinger mit kleinen Papierstreifen oder kleben Sie ein Pflasterchen darauf. Dann legen Sie die beiden Finger ausgestreckt vor dem Kind auf die Tischkante, die anderen Finger sind hinter der Tischkante versteckt. Die Finger mit den Pflastern symbolisieren die Schwalben. Nun verkünden Sie: „Die Schwalben fliegen fort!" Dazu heben Sie die Arme hoch in die Luft und tauschen dort schnell die Finger: Zeigefinger einklappen, Mittelfinger ausklappen, sodass die beiden Mittelfinger auf der Tischplatte landen. Die Schwalben sind also fortgeflogen. Danach heißt es: „Die Schwalben kommen wieder!" Wieder gehen die Hände hoch in die Luft und werden dort flugs gegen die Zeigefinger mit den Schwalben gewechselt. Diese landen anschließend auf dem Tisch. Juhuu, die Schwalben sind wieder da!
Wenn das Kind möchte, bekommt es ebenfalls Pflaster an die beiden Finger und kann selbst versuchen, die Schwalben verschwinden zu lassen.

REIM

Frau von Hagen,

darf ich's wagen,

Sie zu fragen,

wie viel Kragen

Sie getragen,

als Sie lagen

krank am Magen

im Spital

zu Kopenhagen

Eisbären beim Fischen

Das ist ein unterhaltsames, aber ganz schön kniffliges Ratespiel für die ganze Familie oder Freunde. Man braucht dazu fünf Würfel (drei oder vier machen das Raten leichter, sechs oder sieben sind fast schon zu schwer) und einen Würfelbecher.

Jemand, der das Spiel schon kennt, erzählt den anderen die Geschichte: Alle Mitspieler sitzen in einem Flugzeug und fliegen über Alaska. Unter sich sehen sie Wasserlöcher und Eisbären, die aus diesen Löchern Fische fangen.

Nun nimmt der Spielleiter den Würfelbecher, wirft die Würfel aus und sagt, wie viele Wasserlöcher er sieht, wie viele Bären und wie viele Fische. Das geht so: Die Punkte in der Mitte eines jeden Würfels zählen als Wasserlöcher. Bei jeder ⚀, jeder ⚂ und jeder ⚄ gibt es also ein Wasserloch – bei ⚁, ⚃ und ⚅ gibt es keines. Alle Punkte, die man um diese Wasserlöcher herum sieht, sind Eisbären: Bei der ⚀ gibt es also keine Bären, bei der ⚂ sitzen zwei Bären und bei der ⚄ sind es vier Bären, die am Wasserloch sitzen.

Alle anderen Würfelaugen (also die Zweier, Vierer und Sechser, bei denen es keine Wasserlöcher und darum auch keine Bären gibt) zählen als Fische.

Zum Beispiel: Bei ⚀⚄⚄⚁⚃ würde man den Mitspielern sagen: „Ich sehe 3 Wasserlöcher ..." (nämlich die Mittelpunkte auf der ⚀ und den ⚄⚄), „8 Eisbären ..." (die äußeren Punkte auf den beiden ⚄⚄) „und 6 Fische" (also die ⚁ und die ⚃ zusammen).

Ganz wichtig – natürlich darf der Würfler nicht verraten, wie diese Rechnung funktioniert! Er sammelt stattdessen die Würfel wieder ein, wirft sie erneut und sagt, was zu sehen ist. Bei den folgenden Würfen fragt er auch seine Mitspieler, was sie sehen. Liegen alle falsch, nennt er das richtige Ergebnis und würfelt weiter. Hat ein Mitspieler das Spiel dann durchschaut und nennt die richtigen Zahlen, verrät er den anderen die Lösung nicht, sondern alle spielen so lange, bis auch dem letzten ein Licht aufgeht ...

Fischer, welche Fahne weht?

auch: Kaiser, welche Fahne ...

Zwei Seile oder ähnliche Markierungen bilden die Ufer eines Flusses. Auf der einen Seite steht der Fischer, auf der anderen stehen die Mitspieler. Die Gruppe ruft hinüber: „Fischer, Fischer, welche Fahne weht?" Die Antwort ist eine Farbe, der

Fischer ruft vielleicht: „Blau!" Dann rennen alle auf die Gegenseite. Wer ein Kleidungsstück in der genannten Farbe trägt, ist unantastbar – alle anderen darf der Fischer fangen. Wer erwischt wird, ist dann in der nächsten Runde der Fischer.

→ ZUM BASTELN

Zaubertüte

Diese Bastelei versetzt Freunde, Eltern und Verwandte in Staunen: eine „leere" Tüte, aus der sich Dinge hervorzaubern lassen – oder in der Dinge verschwinden.

DAS BRAUCHT'S ...
- Bloß ein Blatt Papier, vielleicht in DIN A4

... UND SO GEHT'S
Man legt das Papier hochkant, faltet es in der Mitte (Oberkante auf Unterkante) und öffnet es wieder, sodass nun quer eine Mittellinie verläuft.

Als nächstes wird die linke untere Ecke eingefaltet, sodass sie auf der Mittellinie zu liegen kommt (und der Blattrand ebenfalls). Danach dasselbe mit der Ecke rechts unten, überlappend über die zuerst gefaltete Ecke. Dann weiter mit der Ecke rechts oben, zum Schluss kommt noch die Ecke links oben. Entstanden ist ein auf der Spitze stehendes Quadrat.

Dieses Quadrat wird zum Schluss entlang der Mittellinie zusammengeklappt. Dabei treffen die beiden freien Papierecken auf-

einander. Sie werden ineinander gesteckt, also gewissermaßen miteinander verschränkt. Und fertig ist die Zaubertüte!

Sie sieht aus wie eine normale Papiertüte, hat aber zwei Öffnungen. Mit etwas Geschick (und Ablenkungskunst) kann man also Dinge in die Tüte legen – wenn man anschließend die andere Öffnung herzeigt, scheint das Objekt verschwunden zu sein.

Der Dirigent

Alle Kinder sitzen im Kreis beisammen. Ein Spieler wird ausgewählt und muss kurz aus dem Zimmer gehen. Nun bestimmen die anderen Kinder einen „Dirigenten" – diesem Mitspieler werden sie später alles nachmachen: Schlägt der Dirigent die Beine übereinander, schlagen auch sie die Beine übereinander. Verschränkt er die Arme, machen es auch alle anderen und so weiter. Nun wird das draußen wartende Kind wieder hereingeholt. Es soll erraten, wer der Dirigent ist. Dieser macht jetzt, möglichst unauffällig, ständig neue Bewegungen, die alle Mitspieler sofort nachmachen. Findet das Ratekind den Dirigenten heraus, muss dieser als nächster vor die Tür und in der nächsten Runde raten.

REIM

Hanserl, Hanserl,

lass dir sagen:

Ein Stückerl Zucker

geht in 'n Magen,

ein Stückerl Brot

geht in den Mund.

Hanserl, renn –

da kommt der Hund!

Himmel und Hölle

... und zwar zum Falten.
Das gleichnamige Hüpfspiel
kommt in Woche 16!

Für dieses alte, beliebte Faltspiel braucht man nur ein Papierquadrat. Zuerst faltet man es diagonal auf halb, sodass ein Dreieck entsteht. Dann öffnet man es wieder und faltet es spiegelverkehrt nochmal auf die gleiche Weise. Wenn man es jetzt wieder öffnet, hat das Quadrat ein X bekommen.

Jetzt faltet man alle vier Ecken in die Mitte, so entsteht ein kleineres Quadrat. Dieses dreht man auf die Rückseite und faltet nochmal alle vier Ecken zur Mitte. Zum Schluss faltet man das Ganze nochmal auf halb – aber diesmal nicht diagonal, sondern die untere Hälfte auf die obere Hälfte,

und öffnet es wieder. Dasselbe nochmal quer, also linke Hälfte auf rechte Hälfte, dann wieder öffnen. Damit ist die Form fertig: Auf der Unterseite sind vier Laschen entstanden, die man aufklappt, um die Finger hineinzustecken.

Ein echtes Himmel-und-Hölle-Spiel wird daraus erst, wenn man die Innenseiten mit zwei Farben ausmalt, üblicherweise Blau für den Himmel und Rot für die Hölle. Am schönsten wird die Bemalung, wenn man das Blatt dafür nochmal ganz auf- und hinterher wieder zusammenfaltet. Wenn es flach liegt, kann man auch detailliertere Zeichnungen des Himmels und der Höller draufmalen statt der bloßen Farben.

Wie mit diesem Kunstwerk gespielt wird, dafür gibt's natürlich viele Traditionen, zum Beispiel diese: Das Spiel wird fest verschlossen einem Kind

präsentiert, das wählen darf, ob längs oder quer geöffnet werden soll. Beim Aufklappen zeigt sich, ob man in den Himmel oder in die Hölle kommt.
Der Spielpartner kann sich stattdessen auch eine Zahl zwischen 1 und 10 wünschen: So oft wird das

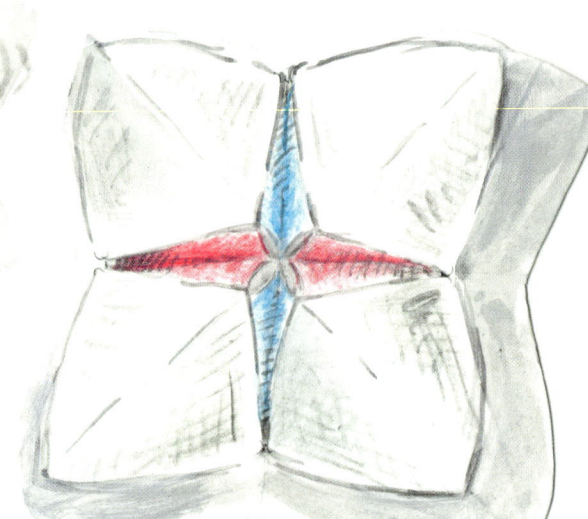

Papier dann geöffnet und geschlossen, abwechselnd kreuz und quer. Das funktioniert natürlich nur so lange, bis das Gegenüber begreift, dass jede gerade Zahl in den Himmel führt, jede ungerade Zahl in die Hölle (oder umgekehrt) ...

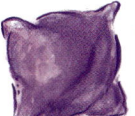

→ FÜR DRINNEN
Bei Müllers hat's gebrannt

„Bei Müllers hat's gebrannt, -brannt, -brannt,
da bin ich schnell gerannt, -rannt, -rannt,
da kam ein Polizist, -zist, -zist,
der schrieb mich auf die List', List', List'.
Die List fiel in den Dreck, Dreck, Dreck,
da war mein Name weg, weg, weg.
Da lief ich schnell ins Haus, Haus, Haus
zu meinem Onkel Klaus, Klaus, Klaus.
Der lag da schon im Bett, Bett, Bett
mit seiner Frau Elisabeth.
Elisabeth, die schämte sich
und zog die Decke über sich.
Die Decke hatt' ein Loch, Loch, Loch,
da sah man sie ja doch, doch, doch.
Dann lief ich in den ersten Stock,
dann lief ich in den zweiten Stock,
(...)
dann lief ich in den zehnten Stock,
da saß ein Mann im Unterrock!"

Das ist ein Klatschspiel, für das verschiedene Melodien und Textversionen bekannt sind (aber der Polizist, Onkel Klaus und Elisabeth im Bett kommen meistens vor.)
Klatschspiele machen Kindern nicht nur Spaß, sondern fördern besonders bei den kleinen Kindern auch die Ko-ordination, das Rhythmusgefühl sowie die Konzentration und das Gedächtnis. Eine mögliche Klatsch-Abfolge geht so:

Bei – in die eigenen Hände klatschen
Mül... – auf die Oberschenkel
...lers – wieder in die eigenen Hände
hat's – wieder auf die Oberschenkel
ge... – in die eigenen Hände
... brannt – mit beiden Händen in die Hände des Mitspielers

-brannt – die rechte Hand klatscht in die rechte des Mitspielers
-brannt, – die linke Hand klatscht in die Linke des Gegenübers
da – in die eigenen Hände klatschen, ab hier wieder von vorne.

Je schneller der Vers aufgesagt wird, desto schwieriger wird das Spiel. Für kleinere Kinder muss die Klatschfolge natürlich vereinfacht werden.

Schimpfen, schimpfen tut nicht weh!

Wer mich schimpft, hat Läus' und Flöh!

Wer mich nochmal schimpft, hat Wanzen,

kann gleich mit'm Teufel tanzen!

→ ZUM BASTELN
Spielmünzen

DAS BRAUCHT'S ...
- Kleingeldmünzen
- Papier
- Fester Karton
- Bleistift oder Buntstift

... UND SO GEHT'S
Eine Münze, zum Beispiel ein 1-Euro-Stück, wird unter das Papier gelegt. Mit dem Blei-stift oder dem Buntstift fährt man nun immer wieder leicht über die Stelle, unter der die Münze liegt. Der Abdruck des Geldstücks erscheint wie von Zauberhand auf dem Papier. Ebenso macht man es auch mit der Münzrückseite. Jetzt hat man das Eurostück von vorne und hinten. Die beiden Teile kann man ausschneiden und auf einen etwas festeren Karton kleben. Fertig ist der Euro! Das Geld können Kinder für den Kaufladen verwenden oder für alle anderen Spiele, bei denen Geld eingesetzt wird.

→ FÜR DRAUSSEN
Die Schlange beißt sich in den Schwanz

Alle Kinder stellen sich in einer Reihe auf, jedes hält sein Vorderkind an den Schultern. Nun versucht die Schlange, sich in den Schwanz zu beißen: Das vorderste Kind jagt das hinterste und versucht, es zu schnappen. Alle Spieler dazwischen wollen das verhindern und helfen dem Schlangenschwanz, dem Kopf auszuweichen. Das Spiel geht so lange, bis der Kopf den Schwanz geschnappt hat (natürlich wird da nicht wirklich zugebissen ...) oder eine vereinbarte Zeit um ist.

Galgenmännchen

Trotz des makabren Namens wird dieses Spiel bis heute mit großer Begeisterung gespielt. Den meisten Spaß macht es seit jeher auf der Schultafel in der Klasse, denn wer gerade Spielleiter ist, darf mit der Kreide neben der Tafel stehen wie ein Lehrer: Er trägt die Buchstaben ein und zeichnet für jeden falschen Rateversuch genüsslich einen Galgenstrich für den Delinquenten, in der Hoffnung, dass dieser bald daran baumeln würde …
Galgenmännchen kann man aber auch zu zweit spielen: Es reicht, wenn man ein Blatt Papier und einen Stift hat.

Wer gerade Spielleiter ist, denkt sich ein Wort aus, aber verrät es nicht. Er zeichnet für jeden Buchstaben des Wortes einen Strich aufs Papier. (Wenn es leichter sein soll, schreibt er auch schon den ersten und letzten Buchstaben dazu. Kommt einer davon öfters im Wort vor, wird er dort auch schon hingeschrieben.)

Dann beginnen die anderen das Raten: Reihum nennt jeder Mitspieler einen Buchstaben, den er in dem Wort vermutet. Kommt dieser tatsächlich vor, wird er an allen entsprechenden Stellen eingetragen. Gibt es den Buchstaben in diesem Wort jedoch nicht, bekommt die Rategruppe ihren ersten Galgenstrich: Der Spielleiter malt einen Hügel. Beim zweiten Mal den Stamm des Galgens, beim dritten Mal den

Querbalken … Es gibt viele verschiedene Traditionen, wie die fertige Figur aussieht und aus wie vielen Strichen sie besteht. In jedem Fall gilt: Sobald die Figur vollständig am Galgen baumelt, hat die Rategruppe verloren. Errät jedoch jemand rechtzeitig das Wort, verliert der Henker. Wer das Wort erraten hat, darf sich das nächste ausdenken und Henker spielen.

Ist die Gruppe klein, kann man auch die Namen aller Mitspieler auf der Tafel verzeichnen, und jeder bekommt seinen eigenen Galgen: Wer baumelt, scheidet aus.

Luftballons zertanzen

Zur Vorbereitung werden so viele Luftballons aufgeblasen, wie Kinder mitspielen. Dann bekommt jeder einen Ballon ums Bein gebunden, und zwar so nah am Boden wie möglich. Er kann auch am Schnürsenkel festgemacht werden, dann wird's besonders schwierig. Denn jetzt wird Musik angeschaltet und alle tanzen drauf los. Und während des Tanzes versucht jeder, die Luftballons der anderen Tänzer platzen zu lassen. Wer als Letzter einen intakten Ballon am Bein hat, ist Sieger.

Je praller die Ballons aufgeblasen sind, desto leichter gehen sie kaputt. Wenn das Spiel also länger dauern soll, lieber nicht zu kräftig aufpusten (oder eben am Schnürband befestigen, dann hüpfen die Ballons besonders wild herum und sind schwer zu zertreten). Um es noch lustiger zu machen, kann die Musik zwischendurch plötzlich verstummen – dann darf sich niemand mehr bewegen. Wer doch in die Stille hinein einen Ballon zerknallt, muss erst einmal von der Tanzfläche.

→ ZUM BASTELN

Luftballon-Gesichter

DAS BRAUCHT'S …
- Bunte Luftballons
- Wasserfeste Stifte
- Wollreste
- Klebefilm

… UND SO GEHT'S
Mit den Stiften werden lustige Gesichter oder Grimassen auf den Ballon gezeichnet. Anschließend werden die Luftballons aufgeblasen, und die Gesichter können losschweben. Wer mag, kann auch noch Frisuren aus Wollresten auf den Ballon kleben.

REIM

*Meine Mu, meine Mu,
meine Mutter
schickt mich her,*

*ob der Ku, ob der Ku,
ob der Kuchen
fertig wär.*

*Wenn er no, wenn er no,
wenn er noch nicht
fertig wär,*

*käm ich mo, käm ich mo,
käm ich morgen
wieder her.*

→ FÜR DRAUSSEN

Fangermandl mit Rettungsball

Das ist eine Variante des klassischen Fangenspielens. Wie gewohnt gibt es einen Fänger, der versuchen muss, eines der anderen weglaufenden Kinder zu berühren.

Doch eines der Kinder trägt einen Ball mit sich und ist deswegen unverwundbar, darf also nicht abgeschlagen werden. Damit ist das Kind zugleich ein Helfer: Wenn

der Fänger nämlich einem anderen Kind nachstellt, wirft der Helfer dem gejagten Kind den Ball zu, damit dieses nun das unverwundbare wird. Dann muss sich der Fänger schnell eine

neue Beute aussuchen. Aber er ist bei diesem Spiel trotzdem nicht chancenlos: Es ist nämlich ganz schön schwer, einen Ball zu fangen, während man vor jemand anderem

gerade versucht, davonzulaufen … Je nach Mitspielerzahl können auch zwei Rettungsbälle im Spiel sein. In jedem Fall gilt: Wer erwischt wird, ist sofort der neue Fänger.

Blechdosen zum Telefonieren

Telefonieren geht auch ganz ohne Handy: Dazu braucht's nur zwei sauber ausgespülte Konservendosen (ohne Deckel) und eine Kordel oder Paketschnur. Wer mit seiner besten Freundin oder seinem besten Freund fernsprechen will, muss als Erstes ein Loch den Dosenboden stanzen, am besten mit Hammer und Nagel, und dann die Schnur hindurchfädeln. Der andere macht's genauso. Nun verknotet jeder das Schnur-Ende in seiner Dose, sodass die Schnur nicht mehr herausrutschen kann. Fertig ist das Telefon.

Die Schnur darf gut und gerne 50 oder auch 100 Meter lang sein, sie muss während des Gesprächs aber immer gespannt bleiben. Also weit genug auseinander stellen! Der „Sprecher" hält seine Dose vor seinen Mund und spricht hinein, der „Hörer" hält sich die Dose ans Ohr und kann die Nachricht hören.

Warum funktioniert das? Wenn man spricht, wandern die Schallwellen durch die Luft bis zum Trommelfell im Ohr des Hörers. Allerdings nur, wenn die beiden nahe genug beieinander sind. Bei größeren Entfernungen reichen die Schwingungen nicht aus, um bis ans Ohr zu gelangen.

In diesem Fall hilft das Dosentelefon nach: Die Stimme versetzt die Dose in Schwingungen, von dort werden sie auf die Schnur übertragen (solange sie gespannt ist) und am Ende der Leitung auf die Dose des Gesprächspartners. Dadurch kann der Hörer es hören, auch wenn er weit weg ist.

→ ZUM BASTELN
Masken aus Papptellern

DAS BRAUCHT'S ...
- Pappteller
- Buntes Tonpapier
- Wollreste
- Filzstifte
- Kleber
- Gummiband

... UND SO GEHT'S
Für die Augen werden zwei kleine Kreise aus dem Pappteller ausgeschnitten. Nun kann jedes Kind den Pappteller beliebig mit Tonpapier, Wollresten und Stiften verzieren, um daraus zum Beispiel das Gesicht eines Clowns oder eines Löwen, eines Helden oder – huaaaah! – einen Totenschädel zu basteln. Zum Schluss kommt noch links und rechts ein kleiner Schlitz in den Tellerrand, um das Gummiband zu befestigen. Dann ist die Pappteller-Maske fertig zum Aufsetzen.

→ FÜR DRAUSSEN
Hasenjagd

Ein ganz einfaches Ballspiel für beliebig viele Teilnehmer: Alle Spieler sind Hasen, nur einer wurde zuvor als Jäger ausgewählt. Er hat einen Ball und versucht, die wild durcheinander laufenden Hasen abzuschießen. Wer getroffen wird, verwandelt sich selbst in einen Jäger. Schon sind es zwei, dann drei ... Die Jäger dürfen den Ball aber beim Laufen nicht in der Hand behalten, sondern müssen ihn sich gegenseitig zuspielen (oder eben auf einen Hasen zielen). Der zuletzt übrig gebliebene Hase hat gewonnen: Er darf zur Belohnung in der nächsten Runde selber der Jäger sein oder, wenn er nicht mag, den nächsten Jäger bestimmen.

REIM

Wasch dir mal die Ohren aus,

sonst hol ich dich ins Hexenhaus.

Schrubb dich mit der Wurzelbürst',

dass du endlich sauber wirst!

→ FÜR DRINNEN
Ille bille Pfeffermühle

Dies ist eines der Spiele mit derben, oft grausamen Texten, wie sie früher ganz alltäglich waren, zumal auf dem Lande. Der Spruch geht so:

Ille bille Pfeffermühle,

meine Kinder essen viele.

Alle Tage Bier und Brot –

und der Hammer schlägt sie tot.

Dabei liegt eine Hand flach auf dem Tisch, mit der Handfläche nach unten. Ein anderes Kind sagt den Vers auf und tippt bei jeder Silbe (oder leichter: bei jeder zweiten Silbe) auf einen der liegenden Finger: Daumen, Zeigefinger, Mittelfinger ... Am Ende der Hand geht's wieder zurück. Der Finger, bei dem das Sprüchlein mit „tot" endet, wird eingeklappt. Dann geht's von vorne los, so lange, bis nur noch ein Finger übrig ist.

Alle Vögel fliegen hoooch!

Für dieses Spiel braucht man gar keine Utensilien. Am Tisch ist es zwar bequemer, aber eigentlich ist nicht einmal der notwendig.

Alle Mitspieler sitzen im Kreis und legen ihre Hände vor sich auf den Boden oder auf den Tisch. Ein Spielleiter wird bestimmt. Er ruft: „Alle Vögel fliegen hoch!", und hebt dabei seine Arme. Die Mitspieler machen es ebenso.

Nun zählt er allerhand Vögel auf – oder Dinge, die fliegen können: Flugzeuge, Luftballons ... Er ruft zum Beispiel: „Alle Adler fliegen hoch!" Wieder heben alle ihre Arme. Weiter geht's mit: „Alle Hubschrauber fliegen hoch!"

Aber aufgepasst: In seine Aufzählung mischt der Spielleiter auch Tiere und Dinge, die ganz bestimmt nicht fliegen können. Zum Beispiel: „Alle Schnecken fliegen hoch!" Der Spielleiter selbst reißt dabei seine Arme hoch, wie gewohnt. Aber wehe den Mitspielern, die nicht aufgepasst haben und es ihm nachmachen: Wer bei einem „falschen Vogel" seine Arme hebt, scheidet aus.

Das geht so lange, bis nur noch ein Spieler übrig bleibt – das ist der Sieger. Er oder sie wird der nächste Spielleiter.

→ ZUM BASTELN
Zeppelin

DAS BRAUCHT'S …
- Papierstreifen, etwa 1 cm breit und 10 cm lang
- Schere

… UND SO GEHT'S
In den Papierstreifen wird mit der Schere oben und unten jeweils einen Zentimeter vom Rand entfernt eine Ker-be eingeschnitten. Nun kann man die Enden des Streifens zusammenführen und mithilfe der Kerben ineinander verhaken. Lässt man das Flugobjekt aus großer Höhe fallen, dreht es sich ganz schnell um die eigene Achse, sodass es aussieht wie ein Zeppelin.

→ FÜR DRAUSSEN
Dreibeiniger Lauf

Auf zwei Beinen kann ja jeder laufen – aber wer ist auf drei Beinen am schnellsten? Um das herauszufinden, muss sich jeder einen Partner suchen. Die beiden Spieler stellen sich so nebeneinander, dass ein Helfer ihre Beine zusammenbinden kann: das rechte Bein des Linken ans linke Bein des Rechten. Zusammen haben sie jetzt ein rechtes, ein linkes und ein mittleres Bein. So laufen sie nun mit den anderen dreibeinigen Paaren um die Wette. Man sollte eine möglichst weiche Rennstrecke suchen, denn Stürze lassen sich kaum vermeiden … Wenn's noch schwieriger werden soll, können die Partner sich auch so verbinden lassen, dass einer vorwärts, einer rückwärts laufen muss. Auch drei Personen können zusammengeschnürt werden – die mittlere ist dann fast wie ein Roboter unterwegs.

→ FÜR DRINNEN
Mehl-schneiden

In manchen Familien ist das ein traditionelles Geburtstagsspiel (wobei diese Tradition nicht ganz, ganz alt ist, schließlich hätte man früher nicht so mit Lebensmitteln gespielt …)
Auf einem Backbrett oder einem Teller wird ein großer Berg Mehl aufgehäuft. Oben in die Spitze wird ein Streichholz gesteckt wie ein Gipfelkreuz. Nun nimmt der erste Spieler ein Messer und versucht, ein Stück des Mehlbergs abzuschneiden und ein bisschen beiseite zu schieben – es gilt erst, wenn die Lücke sichtbar ist.
Schafft er das, ohne dass das Gipfelkreuz umfällt, darf er das Messer an den nächsten Mitspieler weitergeben, der sein Glück herausfordert. Stürzt jedoch das Gipfelkreuz um, muss der Spieler es ohne Hände, nur mit dem Mund aus dem Mehlhaufen heben. Das gibt lustige Mehlgesichter! (Besonders gemeine Freunde tunken dem armen Spieler bei seinem Versuch extra den Kopf ins Mehl …)
Statt des Streichholzes kann man auch eine Rippe Schokolade aufstellen, dann hat auch der Wühlende seine Freude.

Beim Aufsagen wird gleichzeitig eine Figur gemalt, und zwar …

Augen, Nase, Mund

ZEICHENSPRUCH

Frau Meier,

zwei Eier, eine Wurst, einen Kamm.

Bitte wickeln Sie alles ein, — *Kopf*

mit zwei Henkeln dran zum Tragen.

Hals → *Ein paar Stecknadeln,* — *Ohren*

Haare → *eine Streichholz-schachtel,*

einen riesengroßen Kuchen mit Rosinen drin,

Bauch und Knöpfe

einen Besen, einen Schrubber – — *zwei Arme*

macht zusammen 66!

zwei Beine

Käsekästchen

... auch bekannt als Kästchenziehen

Wen hat dieses Kritzelspiel nicht über so manche langweilige Schulstunde gerettet? Käsekästchen ist ein Klassiker unter den Schulbank-Spielen. Wer als Erwachsener seine eigenen alten Schulhefte durchblättert, findet die verräterischen Kästchen-Zettel darin sicher ebenso wie in den Heften der eigenen Kinder ...

Auf ein kariertes Blatt Papier wird ein Quadrat gezeichnet, zum Beispiel zehn mal zehn Kästchen groß. Entlang der vorgedruckten Linien zeichnet nun reihum jeder Spieler die Kante eines beliebigen Kästchens im Inneren des Spielfelds ein. Zunächst berühren sich die senkrechten und waagrechten Strichlein nicht, doch bald wird's eng im Spielfeld:

Jedes Mal, wenn einer es schafft, ein Kästchen zu schließen – wenn er also die vierte Wand eines Kästchens einzeichnet – markiert er das Kästchen mit seinem Symbol und darf sofort noch einen Strich setzen. Manchmal erhält er dadurch gleich ein weiteres

Kästchen, und ein weiteres ... Er zieht so lange Striche, bis er kein Kästchen mehr vollenden kann. Dann ist wieder der Gegner dran. Wenn am Ende alle Kästchen verteilt sind, wird gezählt: Gewonnen hat, wer die meisten erobern konnte.

Da der Spielfeldrand bereits eingezeichnet ist, genügen dort schon drei Striche, um ein Kästchen zu schließen – in der Ecke sogar nur zwei! Da ist Strategie gefragt: Keinen falschen Strich machen, den der Gegner ausnutzen kann!

→ FÜR DRAUSSEN

Zucker und Salz

... eine Variante von „Ochs am Berg"

Ein Kind ist der Ansager, alle anderen Kinder stehen ihm in einigen Metern Abstand gegenüber, alle nebeneinander in einer Reihe. Das Ansagekind dreht sich von der Gruppe weg und ruft dabei „Zucker uuuund ..."
In dieser Zeit dürfen die anderen Spieler zum Ansager hinlaufen, doch Vorsicht: Sobald der Ansa-

ger „...Salz!" ruft und damit seinen Satz vollendet, dreht er sich wieder um. In diesem Moment müssen alle stehenbleiben.
Wen das Ansagekind noch bei einer Bewegung ertappt, muss zur Startlinie zurück. Wem es gelingt, als erster den Ansager zu berühren, übernimmt dieses Amt in der nächsten Runde.

→ FÜR DRINNEN

Punktpyramide

Wer kann's? Auf ein Blatt Papier wird eine Pyramide aus Punkten gemalt, zum Beispiel so: In die unterste Reihe kommen zehn Punkte, darüber kommen neun, dann acht und so weiter, bis zum einzelnen Punkt an der Spitze.
Die Aufgabe lautet nun, eine durchgehende Linie zu malen, die alle Punkte voneinander trennt. Und zwar wirklich alle, das heißt: Es darf dann keine zwei Punkte mehr geben, die man noch miteinander verbinden kann, ohne die Trennlinie zu kreuzen. Weil die Linie durchgehend sein soll, darf der Stift beim Einzeichnen nicht abgesetzt werden.

Die Lösung: Zwischen den untersten beiden Punktreihen eine waagrechte Linie hindurchziehen, dann in die nächsthöhere Reihe, im Slalom hinauf bis zur Spitze – dort eine Kurve machen und dann denselben Slalom, nur diesmal zwischen den schrägen Reihen hindurch. Das funktioniert immer, egal aus wie vielen Punkten die Pyramide besteht.

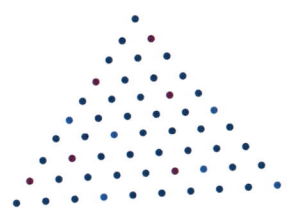

→ ZUM BASTELN

Quiiiiietscher

DAS BRAUCHT'S ...
- Hölzerne Garnrolle
- Einen alten Gummihandschuh
- 2 Gummibänder
- Spitze Schere

... UND SO GEHT'S
Mit diesem „Instrument" geht man seinen Mitmenschen garantiert tierisch auf die Nerven: Zuerst schneidet man ein Stück aus dem Gummihandschuh

so zurecht, dass es etwas größer ist als die runde Fläche der Garnrolle. Das Gummi muss dabei so weit darüber hinausreichen, dass man es allseits herunterfalten und mit

den Gummibändern gut an der Spindel festmachen kann, wie die Haube auf einem Marmeladenglas. Dort, wo die Gummihaut auf dem Loch der Garnrolle liegt, macht man

einen Schlitz in den Gummistreifen. Jetzt pustet man durch das offene Loch auf der anderen Seite der Garnrolle – und schlägt damit jeden in die Flucht, der in der Nähe ist ...

FRÜHLING

Flauschige Pompons

Ja, die schreibt man wirklich so komisch: erst M, dann N!

Für so schöne Bommel aus Wolle braucht man erst einmal Arbeits-Schablonen. Einfach einen Kreis auf Pappe zeichnen (am besten geht das mit einem runden Glas) und mittenhinein einen kleineren Kreis malen. Das ganze zwei Mal. Diese beiden Ringe werden ausgeschnitten und aufeinandergelegt – und dann kann es losgehen!

Zunächst schneidet man ein paar gleich lange Wollfäden zurecht (sie sollten ordentlich lang sein, so 2 bis 3 Meter), legt sie alle zu einem Strang zusammen und umwickelt die Ringe damit gleichmäßig von allen Seiten und so lange, bis das Loch in der Mitte so eng ist, dass man kaum noch durchkommt. Die Ringe sind jetzt kuschlig weich eingepackt.

Jetzt setzt man die Schere außen an den Ringkanten an und schnippelt die Fäden durch, bis man auf die Pappe stößt, genau-

er gesagt auf die Lücke zwischen den beiden Pappen. Entlang dieser Lücke schneidet man dann anschließend einmal rundherum, bis zwei halbe Pompons entstanden sind.

Zwischen die Pappringe, die jetzt wieder offenliegen, wird ein Wollfaden gezogen, ums Zentrum der Kugel gewickelt und dann fest verknotet. So ist die ganze Wollkugel gesichert, man kann die Pappe von der Seite her einschneiden und gefahrlos entfernen. Der Pompon ist fertig! Bloß die eventuell noch überstehenden Fäden gehören abgeschnitten.

So einen selbstgemachten Pompon kann man prima auf eine Mütze nähen oder zum Basteln verwenden.

Wenn man aus Pappe einen kleinen Vogelschnabel und Füßchen ausschneidet und an den Pompon klebt, wird ein

lustiger Vogel daraus. Und aus mehreren Pompons wird vielleicht eine wuschelige Raupe …

→ FÜR DRINNEN
Steigt ein Büblein

Dieses Finger- und Gestenspiel ist besonders für kleine Kinder gedacht. Es wird ein Sprüchlein aufgesagt, gleichzeitig stellen die Arme und Hände die Handlung nach.

Der abgewinkelte Unterarm ist der Baumstamm.

„Steigt ein Büblein auf den Baum,

steigt so hoch, man sieht es kaum.

Die Finger der anderen Hand klettern daran hoch.

Die Finger des Baum-Arms bilden die Äste, die Finger der anderen Hand hüpfen dort herum.

Hüpft von Ast zu Ästchen,

schaut ins Vogelnestchen.

Zwei Finger formen ein Vogelnest, die Finger der anderen Hand „schauen" hinein.

Freudig in die Hände klatschen.

Ei, da lacht es!

Ui, da kracht es!

Erschrocken die Hände vor den Mund legen

Plumps, da liegt es unten!"

Mit beiden Händen auf die Oberschenkel klatschen.

→ ZUM BASTELN
Kleckse falten

DAS BRAUCHT'S …
- Papier
- Wasserfarben
- Pinsel

… UND SO GEHT'S
Das Blatt Papier wird in der Mitte gefaltet und wieder geöffnet. Dann tupft man mit dem Pinsel bunte Kleckse auf eine Hälfte und klappt das Blatt erneut zusammen. Damit sich die Farbe gut verteilt, streicht man mit der Hand darüber. Dann klappt man es wieder auf und findet ein interessantes Motiv vor.

→ FÜR DRAUSSEN
Brennball

Vier Tücher oder Ähnliches bilden die Ecken des Spielfeldes, eine davon ist die Start- und Zielecke. Es gibt zwei Teams, eines im Spielfeld, eines außerhalb. Der erste Spieler des Außenteams steht auf der Startecke, wirft den Ball ins Feld und läuft sofort los zur nächsten Ecke. Und vielleicht auch noch weiter zur übernächsten, aber das ist ein Wagnis: Denn das Innenteam befördert den Ball möglichst rasch aufs Start-Eck zurück. In dem Moment, wenn der Ball dort ankommt, muss der Läufer den Fuß auf einer Ecke haben, sonst scheidet er aus. Berührt er tatsächlich eine Ecke, darf er stehenbleiben und – ein neuer Spieler des Außenteams geht an den Start – beim Wurf seines Nachfolgers weiter laufen. Jeder Spieler, der einmal rum ist und das Zielfeld erreicht, kriegt einen Punkt. Sind alle Außen-Spieler im Ziel oder ausgeschieden, tauschen die Teams ihre Rollen.

REIM

Lirum, larum, Löffelstiel:

Wer das nicht kann,

der kann nicht viel.

(Aber echt!)

Wir binden Palmbuschen

Vor allem in den Alpenländern ist es eine alte Tradition, dass man am Palmsonntag mit Palmbuschen oder Palmstecken in die Kirche zieht. Der Brauch erinnert an den Einzug Jesu in Jerusalem, wo er mit Palmwedeln begrüßt wurde. Palmen galten schon in damaliger Zeit als heilig und symbolisierten die Königswürde. So tragen die Gläubigen heute am Palmsonntag ihre Palmbuschen in die Kirche, um sie dort weihen zu lassen.

Die geweihten Zweige werden zu Hause ans Kreuz gesteckt und sollen vor Unwetter und Unglück schützen. Mancherorts werden einige der Zweige auch auf die Felder gesteckt, verbunden mit der Hoffnung auf eine segensreiche Ernte. Früher war es üblicherweise die Aufgabe der Kinder, die Palmbuschen für die Familie zu binden.

Traditionell werden die Palmbuschen auf Haselnussstecken gebunden. Für die Buschen selbst werden Zweige von Wacholder, Eibe, Stechpalme, Thuja, Palmkätzchen und Buchsbaum verwendet. Hier gibt es aber regionale Unterschiede. Für große Buschen werden auch alte Besenstiele oder andere lange Holzstäbe verwendet. Oft werden die Buschen dann noch mit bemalten Eiern, manchmal auch Äpfeln und bunten Bändern geschmückt – bevorzugt in Lila, Schwarz, Gelb und Orange: Lila und Schwarz stehen für die Trauer, Gelb und Orange für die Freude über die Auferstehung Jesu Christi.

Um einen Palmbuschen zu binden, fügt man aus den Zweigen zuerst mehrere kleine Büschel zusammen und diese dann wiederum zu einem großen Buschen. Am besten hält das Ganze mit einem herumgewickelten Draht – das gilt auch fürs Festmachen auf einem Holzstiel oder Haselnussstock. Zum Schluss kommen die bunten Bänder und die Hölzchen mit bunten Eiern oder Äpfeln dazwischen.

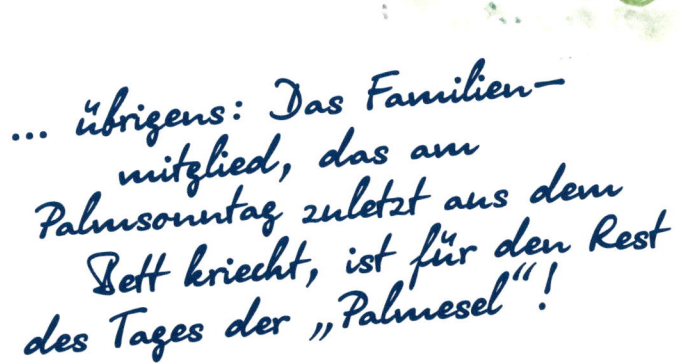

... übrigens: Das Familienmitglied, das am Palmsonntag zuletzt aus dem Bett kriecht, ist für den Rest des Tages der „Palmesel"!

→ FÜR DRINNEN
Hitziges Schokoladenessen

Dieses lustige Spiel ist schon seit langer Zeit ein Renner auf jeder Geburtstagsparty. Alles beginnt mit einer Tafel Schokolade. Die wird nicht ausgepackt, sondern erst mal extra dick eingepackt: in Zeitungspapier gewickelt, verklebt, verschnürt, noch eine Lage Papier und noch eine ...
Dieses gemeine Päckchen wird in die Mitte des Tisches gelegt, die Kinder sitzen außenrum. Auf dem Tisch liegen außerdem: ein Schal, eine Mütze, ein paar Handschuhe, Messer und Gabel sowie ein Würfel. Mit diesem wird nun reihum gewürfelt.

Wer eine sechs würfelt, muss sofort loslegen: Handschuhe, Schal, Mütze anziehen und dann mit Messer und Gabel das Schokoladenpaket aufreißen, um an die wertvolle Fracht zu gelangen. Schnell! Denn die anderen Spieler würfeln in der Zwischenzeit weiter. Sobald die nächste sechs fällt, müssen die Utensilien sofort ausgezogen und an den erfolgreichen Würfler weitergereicht werden. Das geht so lange, bis die Schokolade geöffnet und verspeist ist. Bei diesem Spiel geht's zwar zu wie bei den Wilden – aber immerhin wird die Schoki mit Messer und Gabel gegessen ...

→ FÜR DRAUSSEN
Wanderball

Ein ganz einfaches, aber recht lustiges Ballspiel: Alle Kinder stehen im Kreis und werfen einander den Ball zu, immer von einem Spieler zum nächsten (also nicht durch die Mitte). Eines der Kinder steht im Kreis und ist der Fänger, der dem Ball nachläuft und versucht, ihn im Flug abzuschlagen. Gelingt es ihm, wird der erfolglose Werfer der neue Fänger. Vor Beginn des Spiels kann vereinbart werden, dass Richtungswechsel beim Werfen erlaubt sind.

→ ZUM BASTELN
Ostereier färben

DAS BRAUCHT'S ...
- Eier
- Alte Töpfe
- Natürliche Pflanzenfarben, zum Beispiel ...

Rot: Traubensaft, Rote-Bete-Saft
Blauviolett: Blaukraut, Johannisbeernektar
Grün: Brennnesselblätter, Mate-Tee
Gelb: Zwiebelschalen, Spinat, Kurkuma
Braun: Schwarzer Tee, Kaffeepulver, Birkenblätter

... UND SO GEHT'S
Je nachdem, ob man frische Pflanzen, Kaffeepulver oder Zwiebelschalen hernimmt, gewinnt man die Farben auf unterschiedliche Art und Weise. Hier ein paar Anhaltspunkte:

Frischpflanzen und Gemüse: 500 Gramm davon nehmen und etwa 30 bis 40 Minuten in Wasser kochen lassen.

Tee oder Kaffee: 30 bis 50 Gramm in einem Liter Wasser auflösen und 20 bis 30 Minuten kochen lassen.

Blätter oder Schalen: 30 bis 100 Gramm für einige Stunden einweichen, dann in einem Liter Wasser etwa 30 bis 60 Minuten kochen lassen.

Tipp: Die Eier vor dem Färben mit Essigwasser reinigen, das macht die Schale ein bisschen rau, sodass sie die Farbe besser annimmt.
Dann die hartgekochten Eier etwa eine halbe Stunde in den Farbsud legen, bis die gewünschte Farbintensität erreicht ist.

ZUNGENBRECHER

Zwischen zwei Zwetschgenzweigen zwitschern zwei Zeiserln.

→ „Zeiserl" ist Bairisch und meint einen kleinen Zeisig, also eine Art Fink

Eierpecken – das Duell zu Ostern

Eierpecken ist *das* Ostereierspiel schlechthin und gehört fast zwingend zum Osterfrühstück in der Familie. Jeder Teilnehmer sucht aus seinem Osternest das Ei heraus, das ihm am stabilsten erscheint. Dann treten die ersten beiden Pecker gegeneinander an und stoßen ihre Eier mit den Spitzen zusammen. Derjenige, dessen Ei dabei heil bleibt oder weniger beschädigt wird, ist Sieger und bekommt das Ei seines Gegners.

Nun tritt er gegen den nächsten Herausforderer an, und so weiter. Wer am Schluss die meisten Eier ergattert hat, hat das Eierpecken gewonnen. (Und muss all seine Eier aufessen, sodass er danach ganz lange Zeit keine Eier mehr sehen mag ...)

OSTERREIME

Häslein sitzt
im grünen Gras.

Häslein denkt:
„Was ist denn das?

Kommt dort nicht
der Jäger her

mit dem großen
Schießgewehr?"

Husch, mein Häslein,
husch, husch, husch!

in den dichten
Haselbusch!

Osterhäschen,
komm zu mir, komm in
unsern Garten!

Bring uns Eier: zwei, drei,
vier – lass uns nicht
mehr warten!

Osterhase zeichnen

DAS BRAUCHT'S …
- Papier
- Stifte

… UND SO GEHT'S

Mit diesem Sprüchlein kann man ganz einfach einen Osterhasen zeichnen:

„Ein großer Ball,
(Das wird der Bauch …)
ein kleiner Ball,
(… und das der Kopf.)
obendran zwei Schleifchen,
(Gemeint sind die Ohren …)
hintendran ein Schweifchen,
(… und ein Bommelschwanz.)
ringsherum viel grüne Gräschen,
(Klar, es ist ja Frühling!)
fertig ist das Osterhäschen!

→ FÜR DRINNEN

Wo hat sich ein Tier vesteckt?

Mit diesem Spiel lassen sich lange Autofahrten, zum Beispiel in den Osterurlaub, das Warten beim Arzt oder sonstige fade Zeiten überbrücken.
Es gibt viele Wörter, in denen sich ein Tier verbirgt: Zum Beispiel die „RENTE", da steckt eine ENTE drin. In „SCHMÜCKEN" ist eine MÜCKE versteckt, und im „DREHWURM" stecken sogar zwei Tiere, das REH und der WURM. (Na ja, der WURM ist da ein bisserl offensichtlich. Ob der wirklich gilt?)Wer die meisten solcher Wörter gefunden hat, ist der Sieger.
Oder aber man spielt so: Wer ein besonders gut verborgenes Tier aufspürt, verrät es nicht, sondern fragt die anderen, ob sie es auch entdecken. Wer versteckt sich zum Beispiel im „HOCHSEILGARTEN"?

→ FÜR DRAUSSEN

Eierrollen *auch bekannt als: Ostereierschieben*

In einigen Gegenden ist das Eierrollen oder -schieben ein alter Osterbrauch, zu dem sich ganze Dörfer versammeln. Bei den Spielregeln gibt es verschiedene Varianten, zum Beispiel diese:

Auf den Osterspaziergang nimmt man ein paar Ostereier aus dem Nest mit und sucht sich unterwegs einen schönen Hügel oder Abhang. Dort oben stellt sich die ganze Familie oder Freundesgruppe auf.

Dann lässt jeder seine Eier den Berg hinunterrollen. Der, dessen Ei am weitesten rollt, gewinnt alle anderen Eier.

In Bayern und Baden-Württemberg wird das Eierschieben anders gespielt: Zwei Latten werden so in den Gartenboden gebohrt, dass sie eine schiefe Bahn bilden. Der erste Spieler lässt sein Ei darauf runterkullern. Wenn es im Gras gelandet ist, wird eine Münze darauf gelegt. Nun ist der Nächste dran und versucht, mit seinem Ei das schon daliegende zu treffen. Gelingt es ihm so, dass das Geldstück herunterfällt, darf er das Geld behalten. Auf beide Eier kommen nun wieder Münzen, die man wiederum treffen muss. Und der nächste Spieler ist dran.

Wie viele Durchgänge gespielt werden sollen, macht man am besten vorher aus, damit der Gewinn am Ende gerecht ist.

Osterhas', Osterhas',

komm mal her,
ich sag dir was:

Hopse nicht an
mir vorbei,

bring mir 'n
großes Osterei!

Osterhäschen
dort im Grase,

Wackelschwänzchen,
Schnuppernase,

mit den langen
braunen Ohren –

hat ein Osterei verloren!

Zwischen Blumen
seh ich's liegen.

Osterhäschen:
Darf ich's kriegen?

Weidenpfeiferl selbstgeschnitzt

Das Frühjahr, wenn die Bäume voll im Saft stehen, war früher vor allem für die Buben die Zeit, in der sie sich aus Ästen Stöcke, Schwerter und andere Spielsachen schnitzten. Dass jeder immer ein Taschenmesser dabei hatte, war ganz selbstverständlich. Und kleinere Schnittwunden gehörten zur Kindheit wie aufgeschlagene Knie. Darüber wurde kein Aufhebens gemacht, weder von den Kindern noch von den Eltern. Heute gibt es immerhin spezielle Schnitzmesser für Kinder, deren Spitze abgeflacht ist.

Besonders beliebt waren die kleinen Weidenpfeiferl. Sie funktionieren nur, wenn die Äste wirklich frisch sind: Sobald die Rinde austrocknet, lässt sich dem Pfeiferl kein Ton mehr entlocken.

1 Als Erstes braucht's einen mindestens zehn Zentimeter langen, etwa einen Zentimeter dicken, gleichmäßigen frischen Ast (ohne Augen). Außer einem Weidenast eignet sich auch ein Holunder- oder Haselzweig. Er muss aber so abgeschnitten sein, dass die Rinde nicht einreißt.

2 Nun schneidet man das rechte Ende schräg an, sodass es wie das Mundstück einer Flöte aussieht. Ein, zwei Zentimeter darunter wird ein Luftloch eingekerbt. Dazu schneidet man die Rinde senkrecht bis zum Holz ein und schnitzt dann von vorne nach hinten schräg auf den Schnitt zu.

3 Jetzt kommt der schwierigste Teil: Als Erstes muss ein Ring so tief in die Rinde geschnitten werden, dass er bis aufs Holz stößt. (In unseren Zeichnungen liegt dieser Schnitt im oberen Drittel – aber je weiter unten er angesetzt wird, desto größer ist später der Tonumfang.)
Nun muss der obere Teil der Rinde komplett vom Holz gelöst werden, ohne sie dabei zu beschädigen. Das geht am besten, wenn man mit einem Stein oder dem Taschenmesser die Rinde zunächst rundum locker klopft.

4 Dann dreht man mit beiden Händen vorsichtig an der Rinde, als ob man sie auswringen wollte. So lässt sie sich vorsichtig vom Holzkern herunterdrehen.

5 Nun schneidet man den Holzkern an der Stelle ab, an dem man vorher die Kerbe für das Luftloch geschnitten hat. Das schräg angeschnittene Stückchen ist das Mundstück, von dem jetzt noch einen Streifen Holz abgespaltet wird.

6 Nun kann das Pfeiferl wieder zusammengesetzt werden: Zuerst kommt das hölzerne Mundstück und dann der restliche Holzkern wieder zurück in die Rinde – und das Pfeiferl ist fertig.
Durch das Rauf- und Runterschieben des Holzkerns ändert sich beim Flöten die Tonhöhe.

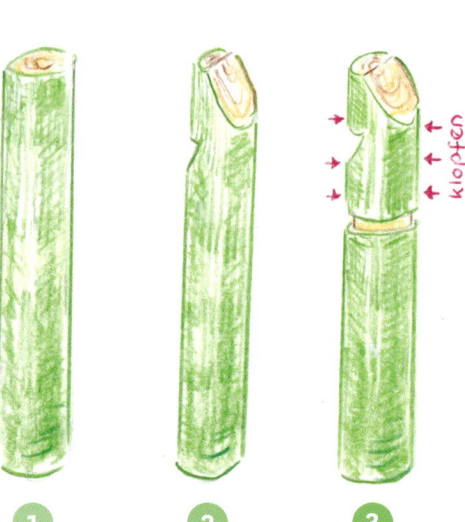

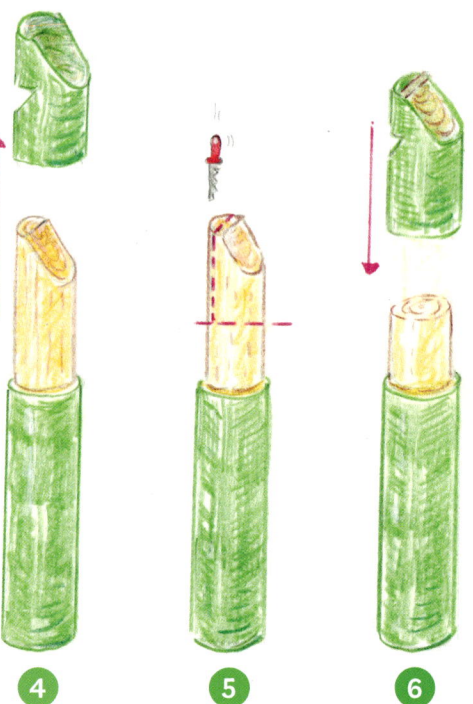

klopfen

① ② ③ ④ ⑤ ⑥

Gar nicht einfach – da kann man hinterher stolz drauf sein!

→ FÜR DRAUSSEN

Kirschen gegessen

auch bekannt als: „Verliebt, verlobt, verheiratet"

Sobald das Wetter es zuließ, wurde früher draußen gespielt. Ballspiele standen dabei immer hoch im Kurs. Eines der beliebtesten war „Kirschen gegessen". Man kann es schon zu zweit spielen, doch lustiger ist es mit ganz vielen Mitspielern.

Alle bilden einen Kreis, bei zwei Spielern stellt man sich halt einander gegenüber. Dann wird der Ball reihum oder auch wahllos zu einem anderen Spieler geworfen. Wer ihn einmal fallen lässt, hat „Kirschen gegessen". Bei seinem zweiten Fehler hat er „Wasser getrunken", beim dritten „Bauchweh bekommen", beim vierten ist man „zum Arzt gegangen" oder es ist der „Doktor gekommen", beim fünften wird der Patient „ins Krankenhaus gebracht" und beim sechsten schließlich ist er „gestorben". Damit scheidet der Mitspieler aus. Wer am längsten „überlebt", ist Sieger.

Auf Zwetschgen und Kirschen dürfe man kein Wasser trinken, so wurde es früher allen Kindern eingebläut, andernfalls drohten heftige Bauchschmerzen. Auf den Früchten sitzen nämlich Hefepilze, und die würden mit dem Wasser im Magen angeblich zu gären beginnen. Das Letztere stimmt zwar nicht, aber die Vorstellung hat sich lange gehalten.

Bei den Mädchen hieß dieses Spiel übrigens auch „Verliebt, verlobt, verheiratet": Beim ersten Fehler war man verliebt, beim zweiten verlobt, beim dritten verheiratet, beim vierten geschieden und damit raus. Offenbar war damals „geschieden" so schlimm wie „gestorben".

→ FÜR DRINNEN

Popoklatschraten

Dieses Spiel war und ist nichts für zarte Gemüter, denn dabei geht's öfters mal etwas rüde zu! (Aber Spaß gemacht hat es trotzdem immer ...)

Ein Kind beugt sich über einen Stuhl und hält sich die Augen zu, so dass es nichts sehen kann. Dann reihen sich die anderen Kinder dahinter auf. Nun gibt das erste dem Blindkind einen Klaps auf den Po, und das Kind muss raten, wer das war. Rät es falsch, bekommt es vom Nächsten in der Reihe einen Klaps, und so weiter. Erst, wenn das Kind errät, wer gerade dran war, wird es erlöst, und der Ertappte muss seinen Platz einnehmen.

Früher haben wir bei diesem Spiel immer am leichtesten unsere eigenen Geschwister erraten – denn die hatten wenig Gnade mit ihren Brüdern und Schwestern: Ihre Klapse waren gefürchtet. Andererseits halfen sie einem dadurch, dass man schnell Bescheid wusste, gleichzeitig aus der Klemme, und man konnte es ihnen sofort heimzahlen.

→ ZUM BASTELN

Kresseköpfe züchten

DAS BRAUCHT'S ...
- Leere Eierschalen
- Watte oder Erde
- Kresse-Samen
- Stifte

... UND SO GEHT'S

Die leeren Eierschalen werden entweder mit Erde oder mit Watte aufgefüllt. Dann verteilt man die Kresse-Samen darauf und befeuchtet sie mit Wasser. Am Schluss bemalt man die Eierschalen noch mit lustigen Gesichtern. Wenn die Kresse immer gut feucht gehalten wird, bekommen die Gesichter nach etwa einer Woche eine Frisur, die als Kresse geerntet werden kann. Das schmeckt sehr lecker auf einem Butterbrot!

ABZÄHLVERS

Ene, mene, muh

und raus bist du!

Raus bist du noch lange nicht,

sag mir erst, wie alt du bist!

Eins, zwei, drei vier, fünf, sechs, sieben.

Sieben ist kein Wort und du bist fort!

Himmel und Hölle

auch bekannt als: Kastlhupfen, Hickelkasten, Reise zum Mond ...

Dieses Hüpfspiel ist weltweit verbreitet, und auch bei uns kennt es vermutlich jedes Kind. Zuerst wird auf den Boden ein Spielfeld gezeichnet, das je nach Region und Tradition ungefähr so aussieht wie in unserer Zeichnung.

Das erste Kästchen ist die Erde, das letzte der Himmel und das direkt davor (oder die beiden davor) die Hölle. Jeder Mitspieler sucht sich einen Stein. Wer anfängt, wirft seinen Stein in das Erde-Kästchen. Der Stein muss in diesem Feld landen und darf die Linien nicht berühren. Liegt der Stein richtig, hüpft der Werfer mit einem Bein los. Das Feld, in dem der Stein liegt, muss dabei übersprungen werden. Wo zwei Felder nebeneinander liegen, muss je ein Bein im linken, eines im rechten landen. Dann geht's wieder einbeinig weiter, bis in den Himmel. (Ob man mit beiden Beinen in den Himmel darf oder nur auf einem, wird vorher ausgemacht.) Die Hölle darf natürlich auf keinen Fall betreten werden!

Vom Himmel aus geht's dann umgekehrt zurück, allerdings hüpft man auf dem Rückweg auch in das Feld, in dem der Stein liegt, und sammelt ihn – auf einem Bein stehend – auf.

Nun ist der nächste Spieler an der Reihe. Hatten alle ihren Stein im „Erde-Kästchen", muss er in der nächsten Runde ein Kästchen höher platziert werden. So geht es immer weiter.

Wer beim Werfen des Steins (der ebenfalls niemals in der Hölle landen darf) oder beim Hüpfen einen Fehler macht, muss in der nächsten Runde die gleiche Stufe noch einmal versuchen. Sieger ist, wer seinen Stein als Erster im Himmel hat und dabei alle Kästchen fehlerfrei durchspringt.

→ ZUM BASTELN
Mosaik aus Papierschnipseln

DAS BRAUCHT'S …
- Ein Blatt Papier
- Buntes, in kleine Schnipsel gerissenes Papier (zum Beispiel altes Geschenkpapier oder Seiten aus Zeitschriften)
- Kleber
- Stifte

… UND SO GEHT'S
Auf dem Blatt werden die Umrisse des geplanten Motivs vorgezeichnet, zum Beispiel ein Haus mit Garten, ein Tier oder ein Auto … Dann werden die Papierschnipsel wie bei einem Mosaik aufgeklebt, sodass die Flächen in den gewünschten Farben ausgefüllt sind.

→ FÜR DRAUSSEN
Schubkarrenrennen

Gespielt wird paarweise: Ein Kind ist der Gärtner, der andere die Schubkarre. Die Schubkarre beugt sich nach vorne, stützt sich mit seinen Armen vom Boden ab und macht den restlichen Körper bretthart. Der Gärtner stellt sich dahinter und hebt die Schubkarre an den Füßen oder Unterschenkeln hoch. Alle Paare stellen sich an die Startlinie, und ein Kommando startet das Rennen. Das kann ganz klassisch geradeaus bis zur Ziellinie verlaufen, oder es müssen ein paar Hindernisse umkurvt werden. Bewährt hat sich ein Umkehrpunkt, den die Teams umrunden müssen und bei dem getauscht wird, dann wird die Schubkarre an dieser Wende für die zweite Streckenhälfte zum Gärtner und der Gärtner wird zur Schubkarre.

ABZÄHLVERS

Peter hat ins Bett geschissen,

mitten aufs Paradekissen.*

Mutter hat's gesehn

und du musst gehn!

* Das Paradekissen kennt man heute kaum noch. Früher lag es auf jedem gemachten Bett: Es kam auf das Kopfkissen und diente nur als Zierde. Zum Schlafen wurde es beiseite gelegt. Das Paradekissen war besonders schön bestickt und verziert.

→ FÜR DRINNEN
Das Kindl anziehen

Wie bei dieser Art von Fingerspielen üblich, wird ein kleines Sprüchlein aufgesagt – und bei jedem Vers wackelt das Kind mit dem entsprechenden Finger (oder die andere Hand zupft an diesem Finger oder tippt drauf oder, oder …) Das Spiel beginnt jedenfalls immer beim Daumen.

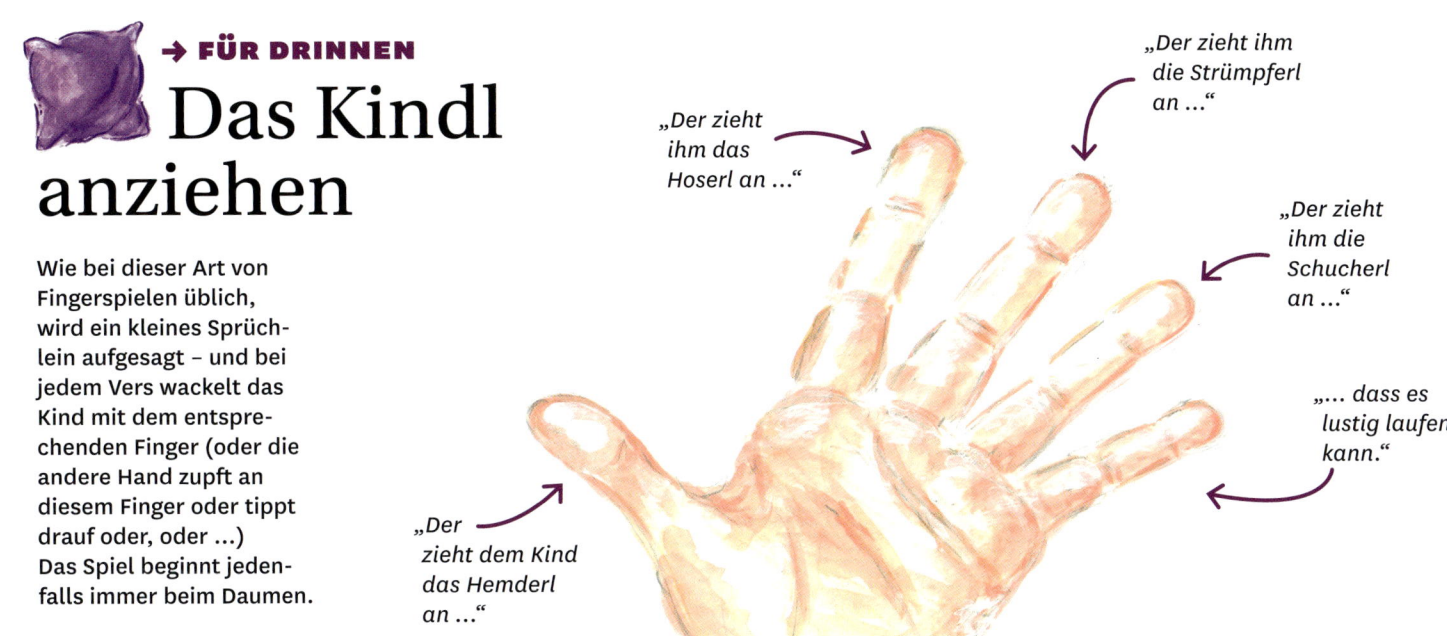

„Der zieht ihm das Hoserl an …"

„Der zieht ihm die Strümpferl an …"

„Der zieht ihm die Schucherl an …"

„… dass es lustig laufen kann."

„Der zieht dem Kind das Hemderl an …"

Zehnerln

auch bekannt als: Ball an die Wand, Mauerball ...

Ob allein, zu zweit oder zu mehreren: Mit diesem Ballspiel kann man sich stundenlang vergnügen! Aus zwei bis drei Metern Entfernung wirft man den Ball gegen eine Mauer und muss dabei bestimmte Aufgaben meistern. Bei mehreren Spielen scheidet aus, wer einen Fehler macht.

10x Den Ball an die Wand werfen und mit beiden Händen wieder fangen

9x Den Ball mit einer Hand an die Wand werfen und mit beiden Händen fangen

8x Den Ball mit einer Hand werfen und mit einer Hand fangen

7x Den Ball an die Wand werfen, auf dem Boden aufprallen lassen und fangen

6x Den Ball werfen, in die Hände klatschen und fangen

5x Den Ball unter dem linken Knie durchwerfen und fangen

4x Den Ball unter dem rechten Knie durchwerfen, klatschen und fangen

3x Den Ball werfen, sich einmal im Kreis drehen und fangen

2x Den Ball mit dem Rücken zur Wand werfen, sich umdrehen und fangen

1x Den Ball hoch in die Luft werfen, zehn Mal klatschen und fangen

(Natürlich kann jeder selbst neue Aufgaben erfinden. Und wenn es noch schwieriger sein soll: Wie wär's mit einem Tennisball?)

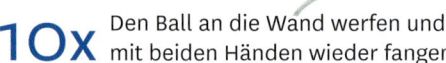

→ FÜR DRAUSSEN

Kriechtunnel

Das ist ein Spiel für größere Gruppen: Acht Leute sollten es mindestens sein, aber je mehr, desto besser!

Es werden zwei Mannschaften gebildet. Alle Spieler eines Teams stellen sich in einer Reihe hintereinander auf, und zwar mit gegrätschten Beinen, sodass sie einen Tunnel bilden.

Auf das Startkommando hin dreht sich die oder der Vorderste in jeder Reihe um, krabbelt blitzschnell durch den Tunnel nach hinten, stellt sich dort sofort wieder mit gegrätschten Beinen in die Reihe und gibt dem Vordermann einen Klaps auf die Schulter. Jeder gibt den Klaps nach vorne weiter. Für den Vordersten ist er das Startsignal: Los, jetzt muss ich unten durch! Wenn der Start-Kriecher wieder vorne steht und den Klaps auf die Schulter bekommt, schreit er: „Stopp!" Das Team, das zuerst den Stoppruf verkünden kann, hat gewonnen.

→ FÜR DRINNEN

Bruthenne

Zuerst wird ein in etwa zwei Quadratmeter großer Kreis gezogen. In dieses Nest, nahe dem Rand, kommen Münzen oder Steine – und zwar ein Stück weniger, als Kinder mitspielen. Ein Kind ist die Henne, setzt sich in die Mitte des Nests und bewacht die „Eier". Die anderen sind Nesträuber und versuchen nun, die Eier zu stibitzen. Sie dürfen dazu aber das Nest nicht betreten. Wer von der Henne berührt wird, hat verloren und wird in der nächsten Runde die Henne.

Psssst, ein Geheimtipp: Dieser Abzählvers ist so kurz, dass man (wenn man's gescheit anstellt) schon vorher ausrechnen kann, wen es trifft …

ABZÄHLVERS

Eck, Speck, Dreck – und du bist weg!

→ ZUM BASTELN

Scherenschnitte

DAS BRAUCHT'S …
- Papier
- Schere
- Eventuell einen Stift

… UND SO GEHT'S

Es ist immer wieder spannend, was dabei herauskommt: Ein Blatt Papier wird ein paar Mal in der Mitte gefaltet. Je öfter es gefaltet wird, desto üppiger ist nachher das Muster. Nun werden mit einer Schere rund um den Rand des Papiers irgendwelche Muster eingeschnitten: Dreiecke, Halbkreise, Vierecke, Herzen … Wenn man das Papier nun entfaltet, ergibt es einen hübschen Scherenschnitt, wie aus einem Kaleidoskop. Das Ergebnis kann man zum Beispiel auf bunte Pappe kleben und als Bild aufhängen. Aus kleineren Formaten lassen sich auch schöne Karten machen.

Will man keinen Überraschungs-Schnitt, kann man auch anders vorgehen: Man faltet das Blatt nur einmal in der Mitte und zeichnet entlang des Knicks die Hälfte eines Motivs auf, zum Beispiel ein halbes Herz, einen halben Baum, eine halbe Blume … Dann schneidet man diese Form aus, und wenn man das Papier auffaltet, sieht man das Motiv als symmetrischen Scherenschnitt.

Die ganz hohe Kunst ist das Schneiden von Silhouetten: Dazu wird die Umrisslinie einer Person oder einer Szene auf schwarze Pappe aufgemalt und anschließend ausgeschnitten, ganz ohne Falten. Das Ergebnis ist dann ein Schattenriss, wie im Schattenspieltheater. Auf eine weiße Pappe geklebt, vielleicht sogar eingerahmt, sieht das Ergebnis sehr edel aus!

Fischer, wie tief ist das Wasser?

Wo ein Fischer sein soll, muss erst mal Wasser sein: Vor dem Spiel werden zwei Linien gezogen, im Abstand von etwa vier bis fünf Metern. Das sind die Ufer, der Bereich dazwischen ist das Wasser. An einem Ufer steht der Fischer, die restlichen Spieler stehen am anderen Ufer. Von dort rufen sie hinüber: „Fischer, wie tief ist das Wasser?" Der Fischer nennt irgendeine Tiefe, er antwortet zum Beispiel: „10 Meter!" Darauf fragen die Kinder: „Wie kommen wir hinüber?" Jetzt darf sich der Fischer ausdenken, wie die Kinder ans andere Ufer kommen sollen. Er ruft zum Beispiel: „Auf einem Bein hüpfend" oder „Einfach rückwärts laufend".

Nun setzen sich alle Kinder in der befohlenen Gangart in Bewegung. Während sie versuchen, über das Wasser ans rettende andere Ufer zu kommen, versucht der Fischer,

so viele wie möglich zu fangen. Er bewegt sich dabei allerdings genauso wie die anderen: also auf einem Bein, rückwärts, mit geschlossenen Augen oder dergleichen.

Wer gefangen wurde, hilft dem Fischer in der nächsten Runde beim Fangen. Und wer als Letzter übrig bleibt, hat gewonnen.

→ FÜR DRAUSSEN
Hahnenkampf

Dieses Spiel spielt man am besten auf einer Wiese, denn es ist wichtig, dass man einigermaßen weich fallen kann (ein Bett wäre wiederum zu weich). Je zwei „Hähne" stehen sich im Abstand von etwa zwei Metern gegenüber. Jeder steht auf einem Bein und verschränkt die Arme vor dem Körper. Auf ein Startkommando hin hüpfen beide aufeinander zu und versuchen, den anderen aus dem Gleichgewicht zu bringen. Wer umfällt oder mit dem zweiten Bein den Boden berührt, hat den Kampf verloren. Bei mehreren Spielern werden so viele Duelle ausgetragen, dass jeder mal gegen jeden gekämpft hat. Wer die meisten Duelle gewinnt, ist Sieger.

→ ZUM BASTELN
Hollerbüchse

DAS BRAUCHT'S ...
- Ast eines Holunderstrauches, etwa 20 bis 25 cm lang

... UND SO GEHT'S
Die Hollerbüchse ist ein einfaches Blasrohr, bei dem es weniger auf einen weiten Schuss ankommt als vielmehr auf den schönen Knall, ein sattes „Plopp!" Zuerst sucht man einen geeigneten Ast eines Holunderstrauches. Er wird an beiden Enden gerade abgeschnitten und anschließend ausgehöhlt. Das geht mit einem festen Draht, einem dünneren Stecken oder einer Stricknadel: Es wird einfach so lange gebohrt, bis das ganze Mark entfernt und das Rohrinnere möglichst glatt ist. Nun kann man die Büchse mit feuchten Papierkügelchen oder Ähnlichem laden und diese durch die Gegend blasen. Die Munition sollte immer so groß sein, dass sie gerade noch so in das Rohr passt, denn nur dann gibt's beim Blasen den typischen Knall. Man kann aber auch einen Korken zurecht schneiden, der knapp in die Büchsenöffnung passt, und ihn an der Büchse festbinden. Jedes Mal, wenn man ihn ausbläst, macht es dann „Plopp!"

Eene, meene, miste, es rappelt in der Kiste. Eene, meene, meck, und du bist weg!

Mit Reimen und Sprachspielen lernen Kinder ganz einfach und spielerisch den Umgang mit Sprache. Verse wecken außerdem die Lust am Sprechen, und weil die Kinder sie schnell auswendig kennen, fördern sie auch noch die Merkfähigkeit.

→ FÜR DRINNEN
Schere, Stein, Papier

auch bekannt als „Schnick, schnack, schnuck", „Knobeln" ...

Dieses Spiel ist weltweit bekannt, ganz einfach und doch so raffiniert, dass sogar Weltmeisterschaften ausgetragen werden. Zwei Spieler stehen oder sitzen einander gegenüber und strecken eine Hand nach vorne. Auf ein dreiteiliges Kommando hin (so etwas wie „Schere, Stein, Papier" oder „Schnick, schnack, schnuck") formen sie gleichzeitig mit ihrer Hand eines von drei möglichen Symbolen:

Schere: Nur Zeigefinger und Mittelfinger sind abgespreizt.
Stein: Die Hand bildet eine geschlossene Faust.
Papier: Die Hand wird flach gestreckt, Handkante nach oben.

Dabei gilt: Schere schneidet Papier. Papier wickelt Stein ein. Stein schleift Schere. Jedes Symbol gewinnt also gegen ein anderes, verliert aber auch gegen ein anderes. Somit sind alle drei gleich stark – die Kunst besteht darin, in Sekundenbruchteilen vorauszuahnen, welches Symbol der Gegner zeigen wird, und ihn darin zu täuschen, welches man selber wählen will. Es gibt auch Varianten mit einem vierten Symbol, meist ist das der Brunnen. Doch dann macht es nicht mehr so viel Spaß, denn in dieser Kombination gewinnen einige Symbole öfter als sie verlieren. Nur mit drei Symbolen ist das Spiel wirklich fair.

Teddybär, spring herein!

Für dieses Seilspring-Spiel sind mindestens drei Leute nötig – es können aber auch sehr viel mehr mithüpfen. Und natürlich braucht es dazu ein langes Springseil.

Zwei Kinder schwingen das Seil, der Dritte führt die Anweisungen aus. Bei einem Fehler wird gewechselt, ebenso nach einem fehlerfreien Durchgang. Die Seilschwinger sagen dabei den Spruch vom Teddybären auf:

„Teddybär, Teddybär, spring herein!	→ ins springende Seil hinein hüpfen
Teddybär, Teddybär, heb dein Bein!	→ auf einem Bein hüpfen
Teddybär, Teddybär, mach dich krumm!	→ gebückt springen
Teddybär, Teddybär, dreh dich um!	→ während des Springens umdrehen
Teddybär, Teddybär, zeig den Schuh!	→ ein Bein nach vorne strecken
Teddybär, Teddybär, wie alt bist du?	→ entsprechend weit zählen und so oft hüpfen
Teddybär, Teddybär, bau ein Haus!	→ mit den Händen ein Dach über dem Kopf formen
Teddybär, Teddybär, lauf nach Haus!"	→ aus dem Seil springen

Wenn es etwas schwieriger sein soll, dann hüpfen mehrere Kinder gleichzeitig im Seil und machen die Übungen.

Eine lustige Variante ist diese: Alle stehen im Kreis, ein Kind steht in der Mitte, hält das Seil am Ende und dreht sich so, dass die anderen Kinder reihum über das freie Ende springen müssen. Dabei wird ebenfalls der Teddybären-Spruch gesagt und es müssen ebenfalls alle Figuren gesprungen werden. Wer einen Fehler macht, scheidet aus, bis nur noch der Sieger übrigbleibt.

→ **FÜR DRAUSSEN**

Murmeln rausschießen

In Bayern heißen die Murmeln „Schusser" und alles, was damit gespielt wird, ist „schussern". Früher waren die Schusser unter uns Kindern eine Art Währung, die sich hervorragend für allerlei Tauschgeschäfte eignete. Begehrt waren vor allem etwas größere Glas-Schusser, und natürlich bestimmten auch Farbe und Muster den Wert. Eines der vielen Murmelspiele ist das „Rausschießen": Auf dem Boden wird zuerst ein

kleinerer Kreis markiert und drumherum ein größerer. Jeder Spieler braucht drei Schusser und legt zwei davon in den kleineren Kreis in der Mitte. Mit dem dritten Schusser hat jeder nacheinander einen Schuss frei und versucht dabei, so viele Schusser wie möglich aus dem kleinen in den größeren Kreis zu

schießen. Jeder Schusser, der im größeren Kreis landet, zählt als Treffer und damit als Punkt. Schusser, die aus dem großen Kreis herausrollen, werden nicht gewertet oder sogar abgezogen, das wird vorher ausgemacht. Wer nach zehn Runden die meisten Punkte hat, ist Sieger. Bei uns früher mussten alle Verlierer je einen Schusser an den Sieger abgeben.

→ **ZUM BASTELN**

Drehbilder

DAS BRAUCHT'S …
- Pappe
- Schere
- Zwei Gummibänder
- Stifte

… UND SO GEHT'S
Aus der Pappe wird eine Kreisscheibe ausgeschnitten (am besten mit Hilfe eines Trinkglases vorgemalt) und auf beide Seiten wird ein Motiv gemalt.

Dabei sollten die beiden Motive einander ergänzen: Der Klassiker sind ein Vogel und ein Vogelkäfig. Dann sticht man oben und unten je ein Loch in die Pappe und befestigt die Gummibänder daran. Dreht man die Pappe nun an den beiden Gummibändern ganz schnell, verschmelzen die beiden Bilder miteinander: Der Vogel sitzt im Käfig.

→ **FÜR DRINNEN**

Hand rausziehen

Ein großer Spaß – und umso lustiger, je mehr mitmachen! Alle Kinder sitzen um einen kleinen Tisch herum. Ein Kind legt seine rechte Hand flach in die Mitte des Tisches. Das nächste legt seine Hand obendrauf, und so geht es reihum weiter, bis alle rechten Hände einen

Pfannkuchenstapel bilden. Darauf legt das erste Kind seine linke Hand, dann das nächste, und es geht wieder einmal um den Tisch. Jetzt beginnt das eigentliche Spiel: Immer dasjenige Kind, dessen Hand ganz zuunterst liegt, zieht diese heraus und legt sie obenauf. So könnte es

eigentlich ewig weitergehen, allerdings entsteht dabei bald ein rechtes Durcheinandner – besonders, weil das Spiel erfahrungsgemäß im normalen Tempo beginnt und dann immer schneller wird …

REIM

Auf dem Berge Sinai

wohnt der Schneider Kik'riki.

Seine Frau, die Margarete,

saß auf dem Balkon und nähte.

Fiel herab, fiel herab,

und das linke Bein brach ab.

Kam der Doktor hergerannt

mit der Nadel in der Hand.

Näht es an, näht es an,

dass sie wieder laufen kann.

Die allertollsten Seifenblasen

Es ist immer wieder faszinierend und schön anzusehen, wenn schillernde Seifenblasen durch die Luft schweben. Und wer schafft die größten? Puste-Ringe für jede Größe kann man sich ganz leicht selbst aus Draht biegen. Am besten umwickelt man ihn fest mit Baumwolle oder überzieht ihn der Länge nach mit einem einfachen Schnürsenkel: Dann saugt sich der Stoff beim Eintauchen mit der Flüssigkeit voll und dient als Vorratsspeicher. Für die Seifenlauge gibt es unzählige Rezepte. Hier drei zur Auswahl:

Für Profi-Seifenblasen
- 225 ml Geschirrspülmittel
- 1 EL Glyzerin (gibt's in der Apotheke)
- 3 Liter warmes Wasser
Alles gut miteinander verrühren.

Für besonders große Seifenblasen
- 500 ml lauwarmes Wasser
- 275 g Neutralseife
- 12,5 g trockener Tapetenkleister
- 250 g Puderzucker
Alle Zutaten gut verrühren und einen Tag ziehen lassen. Dann noch einmal
- 4,5 Liter lauwarmes Wasser
unterrühren und einen weiteren Tag stehen lassen.

Für besonders haltbare Seifenblasen
- 1,5 Liter Wasser
- 200 ml Maissirup
- 450 ml Geschirrspülmittel (am besten grünes oder gelbes)
Alles gut verrühren.

Und noch ein Tipp: Das Wasser sollte nicht zu hart, also kalkhaltig sein. Da unterscheidet sich das Leitungswasser je nach Wohnort. (Mit destilliertem Wasser geht's prima. Vielleicht steht ja noch eines in der Garage?)

Alles hört auf mein Kommando!

Das ist ein Tanzspiel, also lässt man dazu am besten Musik laufen. Ein Kind wird ausgewählt, das in den nächsten vier Runden den anderen Mitspielern Klebe-Kommandos geben darf, zum Beispiel: „Rücken klebt!", „Nase klebt!" oder „Linkes Knie klebt!"

Das bedeutet, dass alle Kinder sich schnell einen Mitspieler (oder auch mehrere) aussuchen müssen und mit ihm die genannten Körperteile „zusammenkleben". Bei „Rücken klebt!" wird also Rücken an Rücken weitergetanzt, bis das nächste Kommando

kommt. Dann werden die Bindungen gelöst, neue Partner gesucht und sofort neu „verklebt". Nach vier Kommandos wird gewechselt und ein neues Kind darf sich nun die Kommandos ausdenken. Erfahrungsgemäß ist „Nase klebt!" am Lustigsten ...

Tauziehen

Ein Klassiker mit einem Seil, der Kleinen und Großen gleichermaßen Spaß macht. Zuerst werden zwei gleich starke Gruppen gebildet. (Es müssen nicht gleich viele Spieler in jedem Team sein: Drei Kleine gegen einen Großen kann auch ganz spannend sein.) Dann wird eine Mittellinie gezogen. Zwei Spieler, aus jeder Gruppe einer, stellen sich einander gegenüber, sodass die Linie genau zwischen ihnen liegt. Der Abstand zur Linie sollte

etwa zwei Schritt betragen. Alle weiteren Spieler stellen sich in einer Reihe hinter ihren Kapitän.
Nun nehmen alle Spieler das dicke Seil fest in beide Hände – und aufs Startkommando hin ziehen sie mit aller Kraft! Wer es schafft, den vordersten Gegner über die Mittellinie zu ziehen, hat gewonnen.
Sich das Seil um die Hand zu schlingen, ist übrigens verboten, denn es kann zu argen Verletzungen führen.

Steine bemalen

DAS BRAUCHT'S ...

- Steine
- Acrylfarbe
- Klarlack
- Pinsel

... UND SO GEHT'S

An einem schönen, sonnigen Tag sucht man draußen nach Steinen in unterschiedlichen Größen und vielleicht auch mit besonderen Formen. Ihre Farbe ist egal, denn die Steine

sollen ja bemalt werden. Wie, das bleibt der Fantasie überlassen: Vom Gesicht über eine Landschaft bis zum abstrakten Kunstwerk ist alles möglich. Mit Acrylfarben und einem Pinsel geht das ganz einfach. Und wer mag, kann die Steine später noch mit Klarlack besprühen, dann glänzen sie besonders schön. Selbstbemalte Steine als Glücksbringer sind ein prima Geschenk!

Wer hat zwei Flügel, doch kann nicht fliegen?

Wer hat einen Rücken, doch kann nicht liegen?

Wer hat ein Bein, doch kann nicht stehen?

Wer kann zwar laufen, aber nicht gehen?

Die Nase

An Form bin ich ganz kugelrund,

durchscheinend, leicht und herrlich bunt.

Ein schwacher Hauch macht, dass ich bin.

Durch einen Stoß bin ich dahin.

Die Seifenblase

Wir schnitzen Pfeil und Bogen

Es verging kein Sommer, in dem die Buben nicht irgendwann auf die Idee kamen, sich Pfeil und Bogen zu basteln, um damit dann für die nächsten Tage die ganze Gegend unsicher zu machen.

Für den Bogen nimmt man einen etwa 1½ Meter langen und etwa 2½ Zentimeter dicken Ast ohne knorrige Stellen. Geeignet ist fast jedes Holz, ob Eiche, Esche, Haselnuss, Birke oder Eibe. Mit einem Taschenmesser wird der Ast gesäubert, das heißt, alle Unebenheiten werden vorsichtig entfernt. Dann schält man an der Bauchseite des Bogens (das ist die Seite, die später zum Körper zeigt), die Rinde so ab, dass der Ast zu den Enden hin immer dünner wird. In der Mitte lässt man ein Stück für den Handgriff stehen. An der Rückseite bleibt der Bogen unbearbeitet. Die Teile oberhalb und unterhalb des Handgriffs

während des Schnitzens immer wieder übers Knie beugen, bis sie sich gleichmäßig biegen lassen.

Etwa zwei Zentimeter vor den Enden schnitzt man je eine Kerbe ein und befestigt dort die Bogenschnur. Sie sollte ein bis zwei Millimeter dick sein. Die richtige Spannung hat der Bogen, wenn zwischen Schnur und Bogen ungefähr 16 Zentimeter Abstand sind.

Für die Pfeile braucht's gerade und dünne Äste. Vorne werden sie zugespitzt, ins untere Ende kommt eine Kerbe, mit der man den Pfeil zum Abschuss auf die Bogensehne setzt.

Obacht! Das Spiel mit Pfeil und Bogen ist gefährlich. Deshalb nicht einfach wild durch die Gegend schießen, sondern immer nur auf eine Zielscheibe! Damit nichts Schlimmes passiert, kann man zum Beispiel auch einen Korken auf die Pfeilspitze setzen oder die Pfeile ungespitzt lassen.

→ ZUM BASTELN
Flatterball

DAS BRAUCHT'S …
- Tennisball
- Zwei Luftballons
- Buntes Krepppapier

… UND SO GEHT'S

Das Kreppapier wird in etwa 50 Zentimeter lange, einen Zentimeter breite Streifen geschnitten. Dann nimmt man einen Luftballon und zieht ihn über den Ball (das geht leichter, wenn man das Mundstück abschneidet). Anschließend werden die Kreppstreifen ringsum aufgelegt, sodass es aussieht wie der Schweif eines Kometen, und der zweite Luftballon wird als Befestigung drübergezogen. Fertig! Jetzt kann der selbstgebastelte Flatterball durch den Garten flattern. Man kann zum Beispiel einen Reifen zwischen zwei Bäume hängen und versuchen, den Ball hindurchzuwerfen.

→ FÜR DRAUSSEN
Prellball

Auf den Boden wird mit Kreide ein Spielfeld gezeichnet, zum Beispiel eine Kästchenreihe, beschriftet mit den Zahlen von eins bis zehn.
Wer beginnt, muss den Ball von oben ins erste Feld werfen, sodass er wieder zu ihm zurückspringt. Nun darf der Ball aber nicht gefangen werden, sondern er wird mit der flachen Hand in das nächste Feld geprellt und so weiter, bis er der Reihe nach in jedem Feld war. Landet der Ball nicht im richtigen Feld, ist der nächste Spieler an der Reihe. Der, der den Fehler gemacht hat, darf – wenn er wieder an der Reihe ist – in dem Feld beginnen, das er zuletzt fehlerfrei geschafft hatte. Wer zuerst in alle Kästchen trifft, ist Sieger.

→ FÜR DRINNEN
Familie Finger

Wie bei dieser Art von Fingerspielen üblich, wird ein kleines Sprüchlein aufgesagt – und bei jedem Vers wackelt das Kind mit dem entsprechenden Finger (oder die andere Hand zupft an diesem Finger oder tippt drauf oder, oder …) Das Spiel beginnt jedenfalls immer beim Daumen.

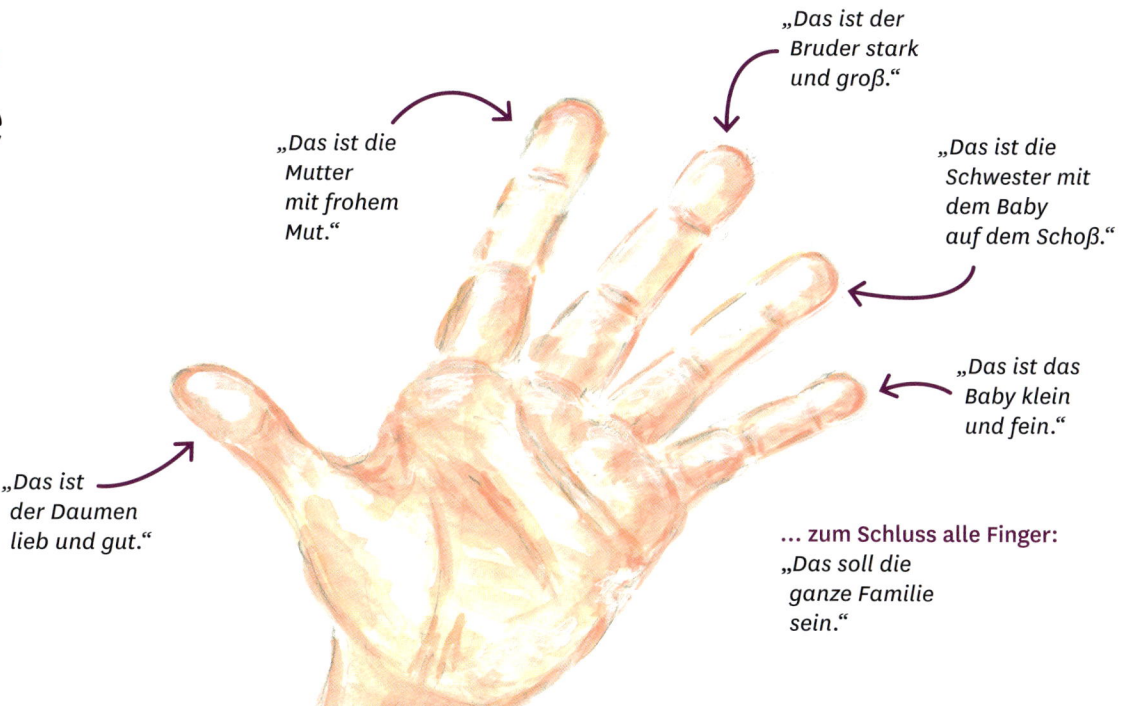

„Das ist die Mutter mit frohem Mut."

„Das ist der Bruder stark und groß."

„Das ist die Schwester mit dem Baby auf dem Schoß."

„Das ist das Baby klein und fein."

„Das ist der Daumen lieb und gut."

… zum Schluss alle Finger:
„Das soll die ganze Familie sein."

Hänschen klein ging allein

in den Münchner Turnverein.

Geht ums Eck, fliegt in 'n Dreck,

haut sich 's Nasenspitzerl weg.

Geht zum Doktor Hampelmann,

pickt ihm 's Nasenspitzerl an.

Danke schön, Wiedersehn!

Kann nun wieder turnen gehn.

Gummitwist *oder einfach: Gummihüpfen*

Früher waren wir fast süchtig nach Gummihüpfen. Jedenfalls die Mädchen. Bei den Buben war es als Mädchenspiel verpönt – auch wenn sie in Wahrheit nur zu gerne mitgemacht hätten. Wir haben Gummitwist immer mit einem einfachen Wäschegummi gespielt, den damals jede Mutter im Nähkästchen vorrätig hatte, um ausgeleierte Unterhosen zu erneuern.

Die Sprungfolge muss in vier verschiedenen Höhen ausgeführt werden: Gummi auf Knöchelhöhe, auf Wadenhöhe, auf Kniehöhe und auf Hüfthöhe. Wenn man nur zu zweit spielt, kann ein Stuhl die fehlenden Beine leicht ersetzen.

Außerdem gibt es verschiedene Breiten: Die Gummihalter können die Beine so grätschen, dass der Abstand zwischen den Gummis sehr weit wird – oder sie stehen nur mit einem Bein im Gummi, wodurch die Bänder eng beieinander liegen.

Die Sprungfolgen unterscheiden sich oft schon von einer Straße des Dorfes zur nächsten. Die folgenden Figuren sind seit jeher beliebt.

Der Einser: Mit beiden Beinen in die Mitte springen und auf der anderen Seite wieder heraus.

Der Zweier: Ein Bein landet zwischen den Gummis, das andere außerhalb. Seitwärts springen, sodass nun das andere Bein zwischen den Gummis ist, das Bein gegenüber ist draußen. Dann raus springen.

Der Dreier: Mit beiden Beinen auf ein Gummiband hüpfen, dann mit beiden Beinen aufs andere Band, dann raus.

Der Vierer: Mit beiden Beinen zwischen die Gummis, dann hochspringen und mit je einem Bein auf den Gummis landen. Zurück zur Mitte und wieder raus.

Der Fünfer: Die Füße unter ein Gummi schieben und mit ihm auf den Füßen über den anderen Gummi springen. Hochspringen und Gummi zurückschnellen lassen. Gegenüber wiederholen.

Der Sechser: Mit beiden Beinen in die Mitte springen. Dann mit den Beinen außerhalb der Gummis landen. Jetzt eine halbe Umdrehung machen, sodass die Gummis sich um die Beine wickeln. Beim Hochspringen die Gummis zurükschnallen lassen, mit beiden Beinen wieder in der Mitte landen, dann raus.

Der Siebener: Rückwärts mit beiden Beinen auf den ersten Gummi hüpfen, dann auf den zweiten, dann raus.

Der Achter: Vorwärts mit beiden Beinen auf den ersten Gummi springen. Beim Weiterspringen eine halbe Umdrehung machen und mit beiden Beinen auf dem zweiten Gummi landen.

Eine schnelle Sprungfolge bestand bei uns zum Beispiel aus dem Dreier, Vierer, Fünfer und Sechser. Wird beim Springen ein Fehler gemacht, ist der Nächste an der Reihe.

→ FÜR DRAUSSEN
Triff ins Feld

Die Buben, die früher so tun mussten, als fänden sie Gummi-twist blöd, haben sich statt-dessen für dieses Spiel begeis-tert: Zwei Mannschaften spielen gegeneinander. Mit Kreide wird ein etwa 25 mal 50 Zentimeter großes Rechteck auf den Boden gezeichnet und durch eine Mit-tellinie in zwei Hälften geteilt.

In eine der Hälften wird ein Stein gelegt. Außerdem sucht sich jeder Spieler einen mittelgroßen Stein und versucht nun, damit aus etwa drei Metern Entfer-nung in das Kästchen mit dem Stein zu treffen. Wenn es einem Spieler gelingt, dann bekommt die Mannschaft, zu der er gehört, dafür drei Punkte.

Landet der Stein im anderen Feld, gibt es noch immerhin noch einen Punkt. Bleibt er außerhalb der beiden Felder liegen, gibt es gar keinen Punkt.
Die Spieler der beiden Mann-schaften sind abwechselnd an der Reihe. Das Team, das am Ende die meisten Punkte hat, hat gewonnen.

→ FÜR DRINNEN
Ein Karten-haus bauen

Das ist so schwierig, dass es auch Er-wachsene wahnsin-nig macht: Zwei Spielkarten werden hochkant gestellt und aneinander gelehnt. Direkt daneben kommt ein weiteres Kartenpaar. Auf diese beiden Dächlein legt man anschließend flach eine Karte auf. Auf dieser Plattform

wird nun wieder ein Kartenpaar aufge-stellt. Das Ganze wird so viele Stock-werke hoch, wie anfangs Kartenpaa-re nebeneinander-stehen.
Das Ganze kann man auch als Duell veranstalten: Jeder Spieler muss zwei Karten beitragen, ohne dass alles zu-sammenkracht …

→ ZUM BASTELN
Kegel aus Papprollen

DAS BRAUCHT'S …
- Große Papprollen, zum Beispiel von einer Küchenrolle)
- Tischtennisbälle
- Kleber
- Pinsel und Farben

… UND SO GEHT'S
Je ein Ball wird auf die Öffnung einer Rolle geklebt – das

ist der Kopf. Die Körper der Kegel werden mit bunten Kostümen bemalt. Wenn alles getrock-net ist, kann man die Figuren auf dem Boden aufstellen und dann mit einem Ball auf die Kegel zielen. Wer räumt die meisten ab?

Auf einem Gummi-Gummi-Berg,

da sitzt ein Gummi-Gummi-Zwerg.

Und dieser Gummi-Gummi-Zwerg,

der hat ein Gummi-Gummi-Haus.

Und in dem Gummi-Gummi-Haus

wohnt seine Gummi-Gummi-Frau.

Und diese Gummi-Gummi-Frau,

die hat ein Gummi-Gummi-Kind.

Und dieses Gummi-Gummi-Kind,

das hat ein Gummi-Gummi-Kleid.

Und dieses Gummi-Gummi-Kleid

das hat ein Gummi-Gummi-Loch –

und du bist es doch!

Halli-hallo!

Bei diesem Ballspiel ist alles dabei: Laufen, Zielen und Raten.
Ein Spieler ist der Werfer und bekommt den Ball. Alle anderen stellen sich in etwa zwei Metern Entfernung ihm gegenüber auf. Der Werfer denkt sich einen Begriff aus, der erraten werden soll. Dann wirft er einem der Mitspieler den Ball zu und ruft dabei den Anfangsbuchstaben des Begriffes, zum Beispiel: „Ein Tier mit M".

Der Fänger wirft den Ball zurück und gibt dabei seinen Tipp ab, vielleicht „Marder". Hat er falsch geraten, wird der Ball dem Nächsten zugeworfen und so weiter. Errät keiner den Begriff, wird beim nächsten Durchgang auch noch der zweite Buchstabe des Begriffs genannt, später der dritte ...

Hat einer richtig geraten, wirft der Werfer den Ball mit dem Schrei „Halli-hallo!" hoch in die Luft und rennt schnell davon. Die anderen versuchen, den Ball zu fangen. Sobald ihn einer hat, ruft der Fänger „Stopp!", und der Werfer muss stehenbleiben.
Er bildet mit seinen Armen einen Ring vor seinem Körper. Der Ballbesitzer darf nun so viele Schritte auf ihn zugehen, wie das erratene Wort Silben hat: Bei „Meerschwein-chen" wären es also drei Schritte. Nicht gerade viel, wenn der Werfer vorher schnell war. Aus dieser Entfernung muss er nun versuchen, den Ball durch die Arme des anderen zu werfen. Gelingt es ihm, ist er der nächste Werfer. Gelingt es ihm nicht, macht der bisherige Werfer weiter.

→ FÜR DRINNEN

Tanz auf der Zeitung

Das kann sehr lustig werden – oder voll peinlich, je nach Alter der Mitspielenden: Immer zwei bilden ein Paar und stellen sich zusammen auf die ausgeklappte Doppelseite einer Zeitung. Dann wird Musik eingeschaltet und alle Paare tanzen auf ihrer Zeitung herum. Doch aufgepasst:

Wer seine Tanzfläche übertritt, scheidet aus. Nach einem Weilchen verstummt die Musik, die Paare steigen von ihrer Zeitung, falten sie auf die Hälfte und betreten die verkleinerte Tanzfläche wieder. Das geht so lange so weiter, bis nur noch ein Team übrig ist: Sie sind das Tanzkönigspaar.

→ FÜR DRAUSSEN

Versteinern

Auf einem vorher vereinbarten Spielfeld, zum Beispiel der ganze Rasenfläche im Garten, rennen alle Kinder wild, um dem Fänger zu entkommen. Dieser versucht nämlich, die anderen zu fangen, das heißt, zu berühren. Wen er berührt, der

„versteinert". Der Versteinerte muss sofort stehenbleiben und die Beine grätschen. Er kann nämlich erlöst werden (darf also wieder weiterlaufen), wenn ein anderer Spieler zwischen seinen Beinen hindurchkriecht, natürlich ohne dabei selbst vom

Fänger erwischt zu werden. Wenn es dem Fänger gelungen ist, alle zu versteinern, wird ein neuer Fänger bestimmt.

→ ZUM BASTELN

Papierschiffchen-Wettrennen

DAS BRAUCHT'S …
- Ein Blatt Papier DIN A4
- Bunte Stifte

… UND SO GEHT'S

Das Blatt wird hochkant gelegt und auf die Hälfte gefaltet: Oberkante auf Unterkante. Dann wird eine senkrechte Mittellinie hineingeknickt (also linke Kante auf rechte Kante falten und wieder öffnen). Jetzt die oberen beiden Ecken zur Mittellinie herabfalten, sodass die mitkommenden Kanten beide auf der Mittellinie liegen. Der überstehende untere Streifen wird nach oben auf das Dreieck geklappt und die dann noch überstehenden Ecken nach hinten weggeklappt. Anschließend das Papier wenden und auf der Rückseite nochmal das Gleiche tun. Der so entstandene

Papierhut wird geöffnet, seine Ecken werden zusammengeführt, sodass sich ein Quadrat bildet. Dessen untere Hälfte nach oben falten, dann wenden, auf der Rückseite nochmal das Gleiche – das ergibt einen kleineren Hut als zuvor. Wieder werden seine Ecken zusammengeführt, sodass sich ein Quadrat bildet. Die obere Ecke dieses Quadrats lässt sich nun auseinanderziehen – fertig ist das Papierschiffchen. Jetzt kann das Schiff noch bunt angemalt werden, und das Rennen beginnt. Auch wenn am Ende alle Schiffchen dem Untergang geweiht sind, halten einige doch erstaunlich lange durch. Ideal für das Rennen ist ein kleiner Bach, der ruhig dahinfließt, ohne größere Strudel oder Wellen. Auf ihm können die Schiffchen dann lustig hüpfen.

ABZÄHLVERS

Rennfahrer Biberle

scheißt ins Kübele,

leert's wieder aus

und du bist raus!

Stöckeln –
Wer trifft
den Pflock?

Das ist ein Spiel für lange Sommerabende im Garten. Früher traf sich oft die ganze Nachbarschaft, Eltern ebenso wie Kinder. Fast alle Spieler brachten ihre eigene Wurfscheibe aus Eisen mit, die von einem Schmied (den gab's ja damals noch) angefertigt war. Sie hatte ungefähr zehn Zentimeter Durchmesser. Man kann aber auch mit einer Steinscheibe beziehungsweise großen flachen Steinen spielen.

Das Stöckel ist ein Holzpflock, 20 Zentimeter hoch, mit ungefähr zwölf Zentimetern Durchmesser. Er wird fest in den Boden gesteckt. Alle Mitspieler legen als Einsatz eine Münze Kleingeld auf das Stöckel. Dann stellen sich alle etwa acht Meter davon entfernt auf und werfen nacheinander mit ihren Wurfscheiben gegen das Stöckel. Trifft der Werfer so, dass Münzen zu Boden fallen, darf er sie an sich nehmen – aber nur die, die ihre Kopfseite zeigen. Die anderen kommen zurück aufs Stöckel. Sind alle Münzen weg, gibt's eine neue Runde mit neuem Einsatz.

Liegt noch Geld auf dem Stöckel, obwohl schon alle Spieler geworfen haben, dann versuchen sie es noch einmal vom „Schlagziel" aus, das heißt, sie werfen nun aus etwa drei Metern Entfernung. Den ersten Wurf hat der, dessen Wurfscheibe vorher am nächsten beim Stöckel lag, es folgt der nächstbeste und so weiter.

Sollte am Schluss immer noch Geld auf dem Stöckel übrig sein, kommt es in der nächsten Runde zu den neuen Einsätzen, jetzt ist also mehr zu holen. Diesmal beginnt der schlechteste Werfer der vorherigen Runde.

→ FÜR DRAUSSEN

Hüpfschnecke

Auf den Boden wird mit Kreide ein Spielfeld in Form einer Schnecke gezeichnet und in einzelne Felder unterteilt. Diese sollten so groß sein, dass man bequem hineinhüpfen kann. Nun versucht jeder, auf einem Bein vor und zurück durch alle Felder zu hüpfen, ohne dabei eine Linie zu berühren. Wer es schafft, darf danach ein beliebiges Feld sperren: Alle anderen Hüpfer müssen dieses Feld überspringen. Nur der, der es gesperrt hat, darf sich bei seinen folgenden Sprüngen darauf ausruhen. Deshalb ist es praktisch, wenn jedes Kind seine Felder mit einem Gegenstand markiert und somit sperrt, der eindeutig zu ihm gehört (etwa bunten Steinen), sodass man immer weiß, welches Feld zu wem gerade gehört.

Auf diese Weise wird es immer schwieriger, die Schnecke fehlerfrei zu durchhüpfen. Wer als Letzter ganz durchkommt, hat gewonnen.

→ FÜR DRINNEN

Hans, du stinkst!

Für dieses Spiel sind mindestens vier Leute nötig (sechs oder mehr sind aber deutlich besser). Ein Kind ist der Hans, ein weiteres spielt die Mutter. Alle anderen Kinder sind Handwerker. Welche Berufe sie im Einzelnen haben, das besprechen sie mit der Mutter, während der Hans rausgeschickt wird und draußen wartet. Dann wird der Hans wieder hereingerufen. Die Mutter trägt ihm auf, zu einem Handwerker zu gehen und einzukaufen, zum Beispiel so: „Hans, geh zum Bäcker und hol Brötchen!" Hans tritt an eines der Kinder heran und bittet: „Ich hätte gerne Brötchen!" Hat er falsch geraten und das Kind ist gar nicht der Bäcker, dann antwortet es: „Hans, du stinkst!" Hat Hans richtig geraten, lautet die Antwort: „Braver Hans!" und eine neue Runde mit neuen Rollen beginnt.

→ ZUM BASTELN

Kordel drehen

DAS BRAUCHT'S …

■ Mehrere Fäden, etwa 1 Meter lang (am schönsten ist Stickgarn, aber mit Wollfäden geht's auch)

… UND SO GEHT'S

Je mehr Fäden man nimmt, desto dicker wird die Kordel, und je länger die Fäden sind, desto länger wird auch die Kordel, eh klar. Zuerst werden die Fäden an den Enden so zusammengeknotet, dass jeweils eine große Schlinge entsteht. Die eine Schlinge hängt man zum Beispiel an einer Türklinke ein, wo sie nicht herunterrutschen kann. Dann entfernt man sich so weit, dass die Fäden gespannt sind. Durch die freie Schlinge steckt man nun einen Stift und dreht ihn immer in die gleiche Richtung. Der Fadenstrang verdrillt sich dabei mehr und mehr. Fest genug gedreht ist er, wenn er sofort zusammenzurrt, sobald man die Spannung etwas lockert.

Dann kommt der knifflige Teil: Die vordere und die hintere Hälfte der Stranges sollen sich miteinander verdrillen. Dazu sollte am besten jemand helfen, der genau in der Mitte des Stranges anpackt und gut festhält. Dann werden die beiden Enden – das an der Türklinke und das mit dem Stift – zusammengeführt, ohne dass die Spannung nachlässt und ohne dass sich die beiden Fadenstränge berühren.

Wenn beide Enden beisammen sind, muss man sie ebenfalls gut festhalten, dann kann der Helfer an der Schnurmitte langsam nachlassen: Die Kordel schnurrt Stück für Stück zusammen und vollendet sich nach der Vorarbeit quasi von selbst. Fertig! Eine hübsche selbstgedrehte Kordel macht sich prima als Geschenkband oder als Schlüsselanhänger. Zu einer Schnecke aufgerollt und zusammengenäht wird sie sogar zu einem kleinen Untersetzer oder zu einem Topflappen – schöne Geschenkideen für die nächsten Geburtstage.

ABZÄHLVERS

Eine kleine Micky-Maus

zog sich mal die Hose aus,

zog sie wieder an

und du bist dran!

Eene mene Rätsel,

wer backt die Brezel?

Wer backt den Kuchen?

Der muss suchen!

SOMMER

Blumenkränze am Johannistag

Rund um die Sonnenwende und den Johannistag am 21. und 24. Juni wurden einst allerlei Bräuche gepflegt. Auch heute noch werden in vielen Dörfern große Sonnwend- oder Johannisfeuer entzündet. Zum Johannistag gehörten immer auch Johanniskränze, die die Mädchen im Haar trugen oder die an Türen gehängt wurden.

Ein Johanniskranz besteht aus sieben bis neun verschiedenen Blumen und Kräutern: Meistens waren das Bärlapp, Beifuß, Eichenlaub, Klatschmohn und Kornblumen, Johannis- und Farnkraut. Aber auch aus allen anderen Wiesenblumen und Kräutern kann man ganz einfach einen hübschen Kranz bilden.

Dazu pflückt man Blümchen mit möglichst langen und biegsamen Stängeln, etwa Gänseblümchen, Butterblumen oder Klee. In den Stängel der ersten Pflanze macht man einen sanften Knoten. Durch das Knotenloch steckt man dann den Stängel der nächsten Blume und so weiter, bis die gewünschte Länge für einen Kranz oder auch eine Kette erreicht ist. Dann wird noch der Stängel der letzten Blüte mit dem der ersten verknotet, und fertig ist der Blumenschmuck.

Etwas üppiger wird der Blumenkranz, wenn man ihn flicht wie einen Zopf. Dazu legt man die ersten drei Blumen nebeneinander und beginnt die Stängel miteinander zu verflechten, wie man es von den Haaren kennt. Nach vier bis fünf Zügen steckt man durch eine der Flechtöffnungen den Stängel einer weiteren Blume. Diese wird mit den anderen Stängeln eingeflochten, wieder vier bis fünf Überschläge. Hat das Band die richtige Länge, flicht man die letzten Stängel ganz zu Ende und bindet sie mit einem langen, festen Grashalm an den Anfang des Kranzes.

→ FÜR DRAUSSEN
Pflockball

Hier wird ein Katapult gebaut, um den Ball in die Luft zu befördern: Im Garten oder auf einer Wiese wird ein Holzpflock so in den Boden geschlagen, dass er nur ein wenig übersteht. Darauf wird ein Brett gelegt und auf das Ende dieses Bretts wiederum ein Ball. Alle Mitspieler stellen sich um das Katapult herum auf. Ein Spieler, der zuvor ausgewählt wurde, schlägt nun mit einem dicken Stecken auf das freie Ende des Bretts, sodass der Ball in die Luft geschleudert wird. Die anderen Spieler versuchen, den Ball zu fangen. Der Fänger darf als Nächster das Katapult bedienen. Erwischt keiner den Ball, schlägt nochmal derselbe Spieler.

→ ZUM BASTELN
Papierflieger

DAS BRAUCHT'S …
- Ein Blatt Papier (es muss nicht DIN A4 sein, andere Formate funktionieren auch)

… UND SO GEHT'S
Es gibt schier endlos viele Möglichkeiten, Papierflieger zu basteln. Fast alle beginnen damit, das Papier hochkant zu legen, längs in der Mitte zu falten und wieder zu öffnen, sodass eine Mittellinie entsteht. Die oberen beiden Ecken werden zur Mittellinie gefaltet, sodass die Kanten an der Linie beisammenliegen.
Jetzt könnte man zum Beispiel so weitermachen: Die obersten zwei, drei Zentimeter der Spitze werden nach unten geklappt. Dadurch entstehen oben zwei neue, nahe beieinander liegende Ecken. Diese werden wie zuvor zur Mittellinie gefaltet. Nun dreht man den Papierflieger auf die Rückseite und klappt ihn entlang der Mittellinie zusammen. Zum Schluss knickt man die freien Kanten zur Mittellinie, sodass Tragflächen entstehen.
Man hätte aber auch so weitermachen können: Die beiden Ecken und schrägen Kanten, die beim Einfalten der anfänglichen Ecken entstanden sind, werden ihrerseits zur Mittellinie gefaltet. Der Rest läuft wie zuvor – das Ergebnis sieht aber windschnittiger aus.

→ FÜR DRINNEN
Peitschenkreisel

Der Peitschenkreisel ist ein sehr altes Spielzeug: Man sieht ihn öfter auf Zeichnungen und Gemälden spielender Kinder aus früheren Jahrhunderten. Heute allerdings ist er so selten geworden, dass man ihn kaum noch wo bekommt.
Es handelt sich um einen kegelförmigen Holzkreisel mit umlaufenden Rillen. Dazu gehört die sogenannte Peitsche: ein Stab mit Schnur dran.
Um den Kreisel in Gang zu setzen, wird er zunächst mit der Schnur umwickelt. Wenn man sie dann schnell abzieht, dreht sich der Kreisel um seine eigene Achse. So weit ist es noch vergleichsweise einfach – das Schwierige ist, ihn mit Hilfe der Peitsche am Laufen zu halten. Es braucht Geschick und Übung, den Kreisel so anzupeitschen, dass er nicht aufhört, sich zu drehen. Je glatter der Boden ist, desto besser funktioniert es.

Es gibt mehrere Arten, mit diesem Kreisel zu spielen: Wer alleine ist, versucht den Kreisel möglichst lange am Umkippen zu hindern. Beim Spiel zu zweit wechseln sich beide ab, dem Kreisel die richtigen Peitschenschläge zu geben. Bei wem er umfällt, der hat verloren.
Man kann auch andere Wettkämpfe damit austragen: Das Ziel ist es dann zum Beispiel, den Kreisel entlang eines Parcours über oder unter Hindernisse hindurch zu befördern. Oder sogar eine Treppe hinab. Doch, das geht!

Pfandhüpfen

Zwei Spieler schwingen im Gleichtakt ein langes Springseil. Die anderen Mitspieler suchen sich je einen Gegenstand als Pfand. Das kann ein Stein sein, ein Ball, was halt so herumliegt.

Die Pfänder werden etwas entfernt auf einer Seite des Seils abgelegt, auf der anderen stellen sich die Spieler auf. Sobald das Seil schwingt, läuft der erste hindurch und holt sein Pfand – natürlich ohne das Seil zu berühren, sonst muss er zurück. Mit dem Pfand springt er dann in das Seil und fragt: „Was soll das Pfand in meiner Hand?"

Die anderen Mitspieler rufen ihm daraufhin zu, was er machen muss. Zum Beispiel: „Zehn Mal auf einem Bein hüpfen", „In der Hocke hüpfen" und so weiter. Wer die Aufgabe nicht schafft, muss sein Pfand zurücklegen und es später neu versuchen.

Das Spiel kann so lange gespielt werden, bis alle ihr Pfand zurückgeholt haben. Das bedeutet aber, dass für jeden, der seine Aufgabe gelöst hat, das Spiel schon zu Ende ist. Stattdessen kann man vereinbaren, dass auch fremde Pfänder erobert werden dürfen: Wer sein eigenes bereits hat und wieder an die Reihe kommt, kriegt dafür eine besonders schwere Aufgabe, etwa „Blind hüpfen".

→ FÜR DRINNEN
Schiffe versenken

Für dieses Stift-und-Papier-Spiel muss man zu zweit sein. Zuerst wird ein Spielfeld aus zehn mal zehn Kästchen aufgemalt (am besten natürlich auf kariertem Papier). Dann werden die Kästchen beschriftet: Die Zeilen werden mit den Buchstaben A bis J versehen, die Spalten mit den Zahlen eins bis zehn. Diesen Spielplan muss jeder doppelt zeichnen: Das linke Quadrat ist der eigene Plan, im rechten dokumentiert man die Schüsse auf den Gegner.

Die Spieler sitzen so, dass keiner das Blatt des anderen sehen kann. Jeder hat sechs Schiffe (also Kästchenreihen) zu verstecken:
Flugzeugträger: 5 Kästchen
Kreuzer: 4 Kästchen
2 U-Boote: 3 Kästchen
2 Minensucher: 2 Kästchen.

Jeder Spieler platziert diese Schiffe geheim auf seinem Spielplan. Sie dürfen nur waagrecht und senkrecht eingezeichnet werden, nicht diagonal. Und kein Schiff darf ein anderes berühren, es muss immer mindestens ein Kästchen Wasser dazwischen sein.

Dann kann's losgehen: Der erste Spieler nennt ein Kästchen, auf das er feuert, zum Beispiel: „D7". Der Gegner antwortet mit „Treffer", wenn auf diesem Kästchen ein Schiff eingezeichnet ist, ansonsten mit „Wasser". Wenn alle Kästchen eines Schiffes getroffen wurden, lautet die Antwort: „Versenkt". Trifft ein Spieler, darf er so lange weiter schießen, bis er ins Wasser schießt. Dann ist wieder der Gegner dran.

Jeder notiert seine Schüsse auf den Gegner im rechten Spielplan: Die Treffer und die Wasserkästchen werden markiert, sodass man nach und nach erschließen kann, wo die Schiffe des Mitspielers liegen. Gewonnen hat, wer zuerst alle gegnerischen Schiffe versenkt hat.

→ FÜR DRAUSSEN
Murmeln einlochen

Das Zielfeld ist ein Quadrat von etwa 50 mal 50 Zentimetern. An den vier Ecken und in der Mitte wird jeweils eine faustgroße Kuhle gegraben, vor die mittlere kommt noch ein kleines Loch. Nun müssen alle Spieler aus etwa zwei Metern Entfernung versuchen, ihre Murmeln in das Mittelloch zu befördern. Landet die Murmel dabei in einem der Ecklöcher oder in dem kleinen Loch vor der Mitte, muss der Spieler zur Strafe eine oder zwei Murmeln ins Zielloch legen. Wer richtig trifft, bekommt alle Murmeln, die gerade im Zielloch liegen.

→ ZUM BASTELN
Hut aus Zeitung

DAS BRAUCHT'S …
- Ein großes Blatt Zeitungspapier

… UND SO GEHT'S
Das Blatt wird zur Hälfte gefaltet, sodass die kurzen Seiten aufeinander zu liegen kommen, Öffnung nach unten. Dann wird nochmals zur Hälfte gefaltet (diesmal linke Kante auf rechte Kante) und wieder geöffnet, sodass eine senkrechte Mittellinie entsteht. Nun nimmt man die oberen beiden Ecken und faltet sie zur Mittellinie, sodass die (bisher) oberen Kanten beide auf der Mittellinie liegen. Unten liegt jetzt noch ein Streifen frei, der aus zwei Lagen Papier besteht: Die vordere Lage klappt man nach oben auf das Dreieck. Die dann noch rechts und links überstehenden Ecken werden einfach nach hinten weggeklappt. Zuletzt wendet man das Ganze und wiederholt die letzten Schritte mit der zweiten Lage. Fertig ist der Zeitungshut!

*Meine Oma
fährt im Hühnerstall
Motorrad,
Motorrad, Motorrad.*

*Meine Oma
fährt im Hühnerstall
Motorrad,*

*meine Oma ist 'ne
ganz patente Frau!*

Strophen:

*Meine Oma
hat 'nen Nachttopf
mit Beleuchtung …*

*Meine Oma
hat im Strumpfband
'nen Revolver …*

*Meine Oma
hat im hohlen Zahn
ein Radio …*

*Meine Oma
hat 'ne Brille mit
Gardine …*

Hochball

auch bekannt als: Hoch-Zack-Bumm, Hoch und rein ...

Das ist ein etwas anderes Fußballspiel auf einem kleinen Feld, etwa in der Größe des normalen Strafraums: Eine Einfahrt und ein Garagentor reichen dafür aber auch aus. Es spielen keine Mannschaften gegeneinander, sondern alle Spieler gegen den Torwart, der aber häufig wechselt.

Der Ball darf nur als Kopfball oder als Volley-Schuss ins Tor befördert werden: Er muss also direkt aus der Luft angenommen werden und darf den Boden vorher nicht berührt haben.

Zu Beginn des Spiels erhält jeder Teilnehmer eine bestimmte Anzahl von „Leben", normalerweise sind es zehn. Für jedes Tor wird dem Torwart ein Leben abgezogen (je nach Vereinbarung können es bei einem Kopfball-Tor oder einem Schuss durch seine Beine auch zwei Leben sein). Wenn ein Spieler das Tor verfehlt oder sein Schuss gehalten wird, muss er den Torwart machen. Wer keine Leben mehr hat, scheidet aus.

Bei den Regeln gibt es sehr viele Varianten, deshalb sollten sie vorher genau abgesprochen werden. So zählt mancherorts ein Tor erst dann, wenn der Ball vorher „scharf" gemacht wurde, das heißt, es muss vorher zwei Ballwechsel gegeben haben, ohne Bodenberührung.

→ FÜR DRAUSSEN

Ketten-fangen

Ein Kind ist der Fänger und versucht, eines der anderen zu fangen. Hat es eines erwischt, fassen sich die beiden an den Händen und versuchen – nun aneinandergekettet – ein weiteres Kind zu fangen. Auch dieses hängt sich an die Kette. Immer nur die Kinder an den beiden Enden der Kette dürfen fangen. Wenn die Kette reißt, ist das Spiel verloren. Gewonnen ist es, wenn alle Kinder gefangen wurden und Teil der Kette sind.

→ ZUM BASTELN

Blumen pressen

DAS BRAUCHT'S …

- Verschiedene Blüten, etwa von Gänseblümchen oder Margeriten
- Ein dickes Buch oder zwei schwere Fliesen
- Papier (am besten Löschpapier) und Pappe

… UND SO GEHT'S

Mit getrockneten und gepressten Blumen, Blättern und Blüten lassen sich wunderschöne Karten gestalten. Am besten sammelt man Blumen, die gerade voll erblüht sind, denn dann sind die Farben am intensivsten. Man sollte darauf achten, dass die Blätter und Blüten nicht beschädigt sind. Am leichtesten lassen sich flache Blumen pressen, wie Gänseblümchen oder Margeriten.

Früher wurden Blumen oft in dicken Büchern gepresst. Da durfte man allerdings nicht ungeduldig sein: Es dauerte ein paar Wochen, bis die Blüten getrocknet waren. Oft waren sie bis dahin schon längst wieder vergessen …

Sehr viel schneller geht es heute in der Mikrowelle. Auch darin kann man Blumen in einem dicken Buch pressen und trocknen. (Man muss aber sicherstellen, dass keinerlei Metallteile enthalten sind: Das gäbe Funken in der Mikrowelle!) Auf die offene Buchseite legt man zwei Blatt Papier, arrangiert darauf die Blüten und bedeckt sie mit zwei weiteren Blatt, ehe man das Buch sorgfältig schließt, damit nichts verrutscht. Obacht: Die Blumen geben Feuchtigkeit ab, die die Buchseiten wellen kann.

Man kann auch Keramikfliesen hernehmen: Erst legt man ein Stück Pappe drauf, dann ein Papier. Hierauf verteilt man die Blumen und bedeckt sie auf dieselbe Weise: Papier, Pappe, Fliese. Alles wird mit einem Gummiring umspannt.

Die Presse immer nur kurz in die Mikrowelle legen, etwa eine Minute, und dann nachschauen, ob die Blumen trocken sind. Sonst einfach wiederholen. Sind die Blumen trocken, kann man sie vorsichtig herausnehmen.

→ FÜR DRINNEN

Kofferpacken

Das erste Kind beginnt und sagt: „Ich packe meinen Koffer und nehme mit: eine Haarbürste". Der Sitznachbar wiederholt nun den Satz vollständig und packt einen eigenen Gegenstand mit dazu: „Ich packe meinen Koffer und nehme mit: eine Haarbürste und eine Badehose". Das nächste Kind wiederholt nun wieder den ganzen Satz und ergänzt ihn mit einem weiteren Gegenstand: „Ich packe meinen Koffer und nehme mit: eine Haarbürste, eine Badehose und eine Tüte Gummibärchen". So geht das Spiel immer weiter. Am Anfang ist das Ganze ja noch leicht, aber dann wird es immer schwieriger. Deshalb müssen die anderen Mitspieler immer gut aufpassen, dass auch alles richtig aufgezählt wird: Wer etwas vergisst, scheidet aus. Man darf übrigens auch Quatsch einpacken wie den Weihnachtsmann oder „der Oma ihre komische braune Bluse". Alles davon muss genau so wiederholt werden!

ZWEI RÄTSEL

Erst weiß wie Schnee,

dann grün wie Klee,

dann rot wie Blut,

schmeckt allen Kindern gut.

— Die Kirsche

Im Häuschen mit fünf Stübchen,

da wohnen braune Bübchen.

Doch keine Tür führt rein und raus:

Wer sie besucht, der isst ihr Haus!

— Die Kerne im Apfel

Kippel-Kappel

Auch wenn es von diesem Spiel verschiedene Varianten gibt, eines ist immer gleich: Man braucht auf jeden Fall einen Kippel und einen Kappel. Der Kippel ist ein etwa zehn Zentimeter langes, rundes Holzstöckchen, das an den Enden zugespitzt wird. Der Kappel ist ein etwa ein Meter langer Stock oder Besenstiel zum Schlagen. Zu Beginn des Spiels wird der Kippel quer über zwei Steine gelegt, sodass man mit dem Kappel gut drunterkommt und den Kippel hochschleudern kann.

Der erste Spieler legt den Kippel über die Steine und schleudert ihn mit dem Kappel so weit wie möglich fort. Nun sucht er die Stelle auf, wo der Kappel liegengeblieben ist und versucht, ihn weiterzubefördern, indem er mit dem Kappel auf eines der spitzen Enden des Kippels schlägt. Dadurch fliegt der Kippel in die Luft und, wenn es gut geht, wieder ein Stück weiter. Jeder hat so viele Schläge, wie Spieler teilnehmen. Gespielt wird nacheinander. Wer mit seinen Schlägen den Kippel am weitesten vom Startpunkt weggeschlagen hat, hat gewonnen.

→ FÜR DRINNEN
Stille Bilderpost

Alle Spieler sitzen hintereinander. Der hinterste zeichnet seinem Vordermann mit dem Finger eine Zahl, ein Wort oder irgendeine einfache Figur auf den Rücken. Der Bemalte muss versuchen zu erkennen, was da auf seinen Rücken gezeichnet oder geschrieben wurde. Aber er darf es nicht laut sagen, sondern zeichnet es stillschweigend auf den Rücken des vor ihm Sitzenden. So geht es weiter bis zum vordersten Kind in der Reihe. Dieses malt das Motiv, das es erhalten hat, auf ein Blatt Papier. In der Zwischenzeit hat auch der hinterste Spieler auf ein Blatt gemalt, was er eigentlich meinte. Werden dann die beiden Bilder verglichen, kann das ein großes Gelächter geben …

→ FÜR DRAUSSEN
Kommt an Bord!

Dieses Spiel eignet sich perfekt für einen heißen Sommertag am See und sorgt für ein bisschen Abkühlung. Zuerst werden die Kinder in zwei Mannschaften eingeteilt. Je größer die Teams sind, desto schwieriger wird's …

Nun geht eine Mannschaft ins Wasser und versucht, so viele Mitglieder wie möglich auf eine Luftmatratze zu holen. Das ist gar nicht so einfach, weil die Luftmatratze bei so vielen Mitspielern ordentlich wackelt und man ganz leicht wieder zurück ins Wasser fällt. Übrigens: Sich nur an der Luftmatratze festzuhalten, gilt natürlich nicht. Man muss schon irgendwie oben liegen, stehen oder sitzen. Wenn alle Kinder der Mannschaft auf der Luftmatratze untergebracht sind (oder wenn sie glauben, mehr gehen einfach nicht), dann zählt man langsam bis zehn. Nur wenn in dieser Zeitspanne alle Spieler oben bleiben und keiner runterfällt, dann gilt das Ergebnis. Jetzt werden alle Kinder gezählt und die andere Mannschaft ist an der Reihe. Sie versucht nun natürlich, die Anzahl ihrer Gegner zu überbieten.

BÖSES SPRÜCHLEIN

Ringel, Ringel, Rosen,

die Buben tragen Hosen,

die Mädchen tragen Spitzenröck',

da fall'n sie alle in den Dreck.

→ ZUM BASTELN
Papierperlen

DAS BRAUCHT'S …
- Papier oder Zeitschriftenseiten
- Kleber
- Lineal
- Schere
- Zahnstocher

… UND SO GEHT'S

Um selber Schmuck herzustellen, braucht man keine fertigen Bastelsets: Für eine hübsche Kette oder ein schickes Armband reichten früher ein paar Blätter Papier.

Und das funktioniert natürlich auch noch heute! Entweder man bemalt das Papier selbst oder man nimmt gleich bunt bedruckte Zeitschriftenseiten.
Zuerst schneidet man Dreiecke aus dem Papier. Dabei muss man ein bisschen rumprobieren, denn von der Form dieser Dreiecke hängt die spätere Perlenform ab: Aus kurzen, breiten Dreiecken werden beispielsweise dickere Perlen als aus langen und schmalen. Ein Dreieck wird auf einen Zahnstocher aufgerollt, dabei beginnt man mit der breiten Seite, sodass der Papierstreifen nach außen hin immer dünner wird. Nach einigen Umdrehungen kommt Kleber auf den Papierstreifen, dann wird zu Ende gerollt und die Spitze nochmal zusätzlich festgeklebt. Nachdem die Perle gut getrocknet ist, kann man sie vom Zahnstocher ziehen und beiseite legen.
Wenn man genügend Perlen beisammen hat, kann man sie an einem Faden in beliebiger Folge auffädeln – und schon ist das Schmuckstück fertig.

Der Kaiser schickt seine Soldaten aus

Zwei Gruppen stehen einander in etwa zehn Metern Entfernung gegenüber. Alle Spieler einer Gruppe fassen sich fest an den Händen, um eine undurchdringliche Mauer zu bilden. Jede Gruppe wählt einen Kaiser, und es wird abgemacht, welche Gruppe beginnt. Ihr Kaiser ruft: „Der Kaiser schickt seine Soldaten aus! Er schickt den … hinaus", und nennt dabei den Namen eines Mitspielers. Der Erwählte stürmt auf die gegnerische Mauer zu und versucht, sie zu durchbrechen.

Schafft er es, darf er die beiden gegnerischen Soldaten, die er getrennt hat, mit in die eigene Mauer nehmen. Kommt er nicht durch die Mauer, muss er sich bei den Gegnern einordnen. Verloren hat eine Gruppe, wenn sie nur noch einen (oder natürlich gar) keinen Spieler mehr hat.

Ebenfalls möglich: „Der Kaiser schickt sich selbst hinaus!" Das ist riskant. Zwar hat der Kaiser zwei Versuche, die Mauer zu durchbrechen – aber wenn er beide Male scheitert, dann verliert seine Gruppe sofort.

→ ZUM BASTELN
Floß und Rindenschiffchen

DAS BRAUCHT'S FÜR EIN FLOSS …
- Mehrere Aststücke
- Bindfaden
- Ein kleines Stöckchen
- Papier oder Blätter
- Taschenmesser

… UND SO GEHT'S

Für ein Floß schneidet man mehrere gleich dicke Aststücke auf die Länge zu, die das Floß später haben soll, jedenfalls alle gleich lang. Dann legt man sie nebeneinander und bindet sie mit einem langen Bindfaden zusammen. Am besten halten die Planken, wenn man den Faden um den ersten Ast wickelt, ein bisschen verdrillt, um den zweiten Ast wickelt, verdrillt, und so weiter. Sind alle Äste zu einer Fläche verbunden, befestigt man noch auf der Unterseite zwei Stöckchen, und zwar quer zu den längs laufenden Ästen. Jetzt ist alles stabil, ein kleiner Mast wird noch aufgestellt – und das Floß kann in See stechen.

DAS BRAUCHT'S FÜRS RINDENSCHIFF …
- Ein Stück dicke Baumrinde
- Ein kleines Stöckchen
- Papier oder Blätter
- Taschenmesser

… UND SO GEHT'S

Das Stück Baumrinde wird mit einem Taschenmesser so zurechtgeschnitzt, dass es die Form eines Bootes hat. Anschließend bohrt man in die Mitte ein kleines Loch, in dem ein Stöckchen als Bootsmast befestigt wird. Daran kann man ein Segel befestigen, entweder aus dem großen Blatt eines Baumes oder man macht eines aus Papier. Schon geht's auf große Fahrt!

→ FÜR DRINNEN
Meilenspiel

Zuerst wird ein Startpunkt festgesetzt, an den man eine Murmel legt. Dann stellt man möglichst weit davon entfernt ein Tor auf. Der Flur könnte hier zum Beispiel zu einer hervorragenden Spielbahn umfunktioniert werden, wenn er schön lang ist. Das Tor kann man sich übrigens ganz leicht selbst bauen. Einfach zwei leere Joghurtbecher aufschneiden und mit den Öffnungen nach vorne mit einem Kleber verbinden.

Dann versucht man, mit einem Hammer die Murmel ins Tor zu schießen. Und zwar mit möglichst wenig Schlägen. Also immer schön mitzählen.
Falls die Variante zu einfach ist, kann man auch kleine Hindernisse auf dem Weg ins Tor aufbauen, sodass man die Murmel drumherum leiten muss. Das kann zum Beispiel ein Schuh sein, ein Topf oder eine Rampe aus Bauklötzchen. Was auch immer einem einfällt.

→ FÜR DRAUSSEN
Auf einem Grashalm quietschen

Manchmal klappt das nicht aufs erste Mal – aber Gras gibt's ja genug, um immer mal wieder zu üben.
Wer das Gras zum Klingen bringen will, sucht sich einen schönen breiten Halm und klemmt ihn fest zwischen die beiden Daumenballen und, ein Stückchen weiter oben, zwischen die Daumenspitzen. Wenn

man jetzt die Daumen streckt, ziehen sie den Grashalm ganz straff. Nun pustet man kräftig durch den Spalt zwischen den gestreckten Daumen, und es ertönt ein grelles Tröten. Zwei Dinge sind dabei wichtig: Der Grashalm muss wirklich straff gespannt sein, sonst kommt kein Ton heraus. Und die

Luft muss links und rechts am Halm vorbeikönnen, er darf also nicht vollflächig aufliegen: Zwischen den Daumenballen und -spitzen müssen die Daumen ein bisschen auseinandergehen.
Übrigens kann man auch auf einem Eichelhütchen pfeifen: Dazu klemmt man es in den Winkel zwischen

Zeige- und Mittelfinger. Die Öffnung zeigt nach außen, das heißt: Schließt man die Hand zur Faust, sieht man die Kuhle. Um zu pfeifen, legt man die Hand vor die Lippen und pustet flach über das Hütchen hinweg – so wie man auf einer Flasche bläst, nur viel fester. Der Ton ist erstaunlich laut!

Eine kleine Spitzmaus

lief ums Rathaus,

wollte sich was kaufen,

hat sich verlaufen.

A und U, raus bist du!

Der Plumpsack geht um

Alle Spieler sitzen im Kreis. Einer ist der Plumpsack, der außen um den Kreis herumläuft. Der Plumpsack hat einen kleinen Gegenstand in der Hand, den er möglichst lautlos fallen lassen kann: Früher wurde dazu üblicherweise ein Stofftaschentuch benutzt, in das ein Knoten gemacht wurde. Jedes andere kleine Stofftuch geht natürlich auch. Während der Plumpsack die anderen umrundet, sagt er:

„Plum, plum, plum, der Plumpsack geht um! Wer sich umdreht oder lacht, dem wird der Buckel blau gemacht."

Auf seiner Runde lässt er irgendwann seinen Gegenstand hinter einem der Spieler fallen. Sobald dieser es bemerkt, hebt er ihn auf und verfolgt den Plumpsack,

der schnell davonrennt. Wird er erwischt, muss er für den Rest des Spiels in die Mitte des Kreises. Schafft er es jedoch auf den leeren Platz seines Verfolgers, ohne erwischt zu werden, so spielt er dort weiter. Sein Verfolger ist in der nächsten Runde der Plumpsack.

Bemerkt ein Spieler während einer ganzen Kreisrunde des Plumpsacks nicht, dass der Gegenstand hinter ihm liegt, muss auch er die restlichen Runden in der Kreismitte verbringen – was überhaupt eine sehr freundliche Form von „aus dem Spiel ausscheiden" ist, oder?

→ FÜR DRINNEN
Laurentia, liebe Laurentia

Mit diesem Lied werden die Wochentage ganz schnell gelernt:

„Laurentia, liebe Laurentia mein, wann werden wir wieder beisammen sein? – Am Montag!

Ach, wenn es doch endlich schon Montag wär, und ich bei meiner Laurentia wär, Laurentia wär!"

Beim zweiten Mal heißt es dann: „Ach, wenn es doch endlich schon Montag, Dienstag wär …"

Und beim dritten Mal: „Ach, wenn es doch endlich schon Montag, Dienstag, Mittwoch wär …"

So geht das Lied weiter, man singt es also sieben Mal, bis alle Wochentage durchgesungen wurden.

Lau - ren - tia, lie - be Lau - ren - tia mein, wann wer-den wir

wie - der bei - sam - men sein? Am Mo - hon - tag!

Ach, wenn es doch end - lich schon Mon-tag wär, und ich bei

mei - ner Lau - ren - tia wär, Lau - ren - tia wär!

RÄTSEL

Wenn du mich kennst, so sag's geschwind!

Ich bin der lieben Sonne Kind.

Kommt sie hervor, so komm auch ich.

Geht sie, geschwind verlass ich dich.

Doch lasse sie ja niemals sehn,

dass ich so gern mag mit dir gehn,

sonst ist es gleich um mich geschehn!

Der Schatten

→ FÜR DRAUSSEN
Hallo, Hai!

Es wird ein Spielfeld festgelegt und darin ein Platz, der als Rettungsinsel dienen soll. Das kann die Terrasse sein, der Sandkasten, ein bestimmter Baum … Ein Kind ist der Hai, alle anderen Mitspieler sind die Fische. Hai und Fische laufen auf dem Spielfeld herum, und die Fische fragen immer wieder: „Hallo, Herr Hai, wie spät ist es?" Der Hai antwortet zum Beispiel: „Es ist Zeit zum Hüpfen", woraufhin alle – auch der Hai – hüpfen müssen. Oder: „Es ist Zeit zum Kriechen." Wenn der Hai aber ruft: „… Zeit zum Fressen!", dann flüchten die Fische so schnell wie möglich auf die Rettungsinsel. Wen der Hai vorher erwischt, der wird ebenfalls zum Hai und hilft ihm ab jetzt beim Fische fangen. Das Spiel endet, wenn nur noch ein Fisch lebt. Er wird der nächste Hai.

→ ZUM BASTELN
Staudamm

DAS BRAUCHT'S …

▪ Äste, Steine, Stöckchen und Blätter – alles, was man in der Nähe finden kann

… UND SO GEHT'S

Das Wichtigste ist natürlich, sich einen kleinen Wasserlauf zu suchen: einen Bach etwa, oder man gräbt auf einer Kiesbank im Fluss eine Abzweigung und lenkt Wasser hinein. Dann staut man es mit den Fundstücken aus der Umgebung auf: Man verbindet die Äste, Steine und Blätter so, dass sie dicht halten. Und dann kann man zusehen, wie das Wasser hinter dem Damm steigt, und der Bach neue Wege geht.

Huuuiii ...
ein Windrad

Damit auch der Wind ein bisschen was zum Spielen hat: Ein Windrad für den Balkon, die Terrasse oder den Garten lässt sich ganz einfach selber basteln. So einfach, dass man gleich ganz viele davon bauen möchte ...

Aus festem Papier schneidet man sich ein Quadrat von etwa 20 mal 20 Zentimetern zurecht. Zuerst faltet man eine Ecke auf die gegenüberliegende und öffnet das Blatt wieder, so ist ein Knick entlang der Diagonalen entstanden. Dasselbe tut man mit der anderen Diagonalen, sodass die Knicke ein Kreuz ergeben.

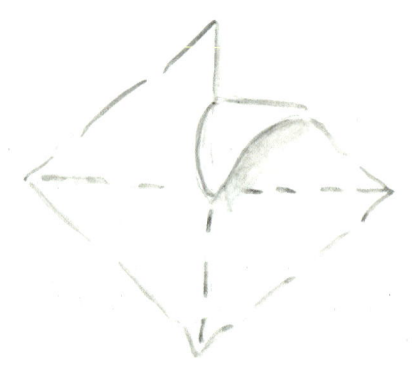

Nun schneidet man mit einer Schere von den Ecken aus alle Knicklinien ein – aber nicht ganz bis zur Mitte, sonst zerfällt ja alles, sondern nur bis etwa zur Hälfte. Die vier Teile des Quadrats hängen dann wie Kleeblätter zusammen. Nun nimmt man von jedem „Kleeblattblatt" das linke freie Ende, biegt es vorsichtig zum Mittelpunkt und klebt es dort fest. Der Kleber muss nur vorübergehend halten.

Denn zuletzt steckt man einen Nagel durch den Mittelpunkt, sodass er alle vier Rotorblätter fixiert, und macht damit das Rad an einem Holzstab fest. Das Windrad sollte nicht zu fest am Stab sitzen, sondern etwas Spielraum haben, damit es sich leicht drehen kann. Dazu kann man zwischen Holz und Windrad zum Beispiel eine kleine gelochte Bastelperle auf den Nagel stecken.

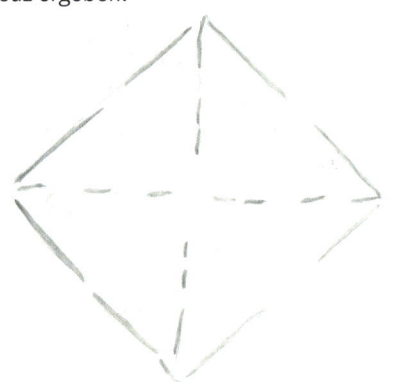

Dosenstelzen

DAS BRAUCHT'S …
- Zwei große leere Konservendosen
- Dorn oder kleines Messer
- Holzperlen
- Einige Meter festes Band

… UND SO GEHT'S

Mit einem Dorn oder dem Messerchen sticht man an jeder Konservendose vorsichtig zwei Löcher in den Boden, und zwar möglichst außen, nahe dem Rand. Die zwei Bänder, an denen man später die Dosenstelzen in der Hand hält, müssen zunächst auf die richtige Länge zugeschnitten werden: Dazu stellt sich der Stelzenläufer gerade hin und lässt die Arme locker hängen. Die Strecke von der Handfläche bis zum Boden wird mal zwei genommen: So lang müssen die Bänder jeweils sein. Ihre Enden steckt man nun durch die Dosenlöcher, und zwar von außen nach innen, sodass man innen je eine kleine Holzperle am Bandende festknoten kann. So ist das Band gut fixiert – jetzt stellt man sich auf die Dosen, hält die Bänder straff fest, und der Stelzenlauf beginnt!

„Unterpfand" ist ein altes Wort für Pfand, es kann auch „Zeichen für etwas" bedeuten. Aber was der ganze Reim genau sagen will, ist trotzdem nicht klar …

Scheren schleifen

Bei diesem Klatschspiel sitzen sich zwei Leute gegenüber und sagen gemeinsam diesen Vers auf:

„Scherenschleifen, Scherenschleifen ist die beste Kunst!
*Die linke Hand, die rechte Hand, die geb ich dir zum Unterpfand.**
Da hast sie, da nimmst sie, da hast sie alle zwei!"

Bei jeder Silbe wild geklatscht, und zwar abwechselnd in die eigenen Hände und gegen die Hände des Gegenübers, der seine Arme vorstreckt.

Springkraut zerplatzen

Mei, dieses Indische Springkraut! Das ist eine rechte Plage geworden, sagen die Erwachsenen. Man kann es fast überall finden, wo der Boden feucht ist: auf Wiesen, an Ufern und Waldrändern, manchmal sogar an Straßenrändern. Eigentlich haben die Erwachsenen diesem Kraut (auch Drüsiges Springkraut genannt) den Kampf angesagt, weil es sich unkontrolliert verbreitet und anderen Pflanzen den Lebensraum wegnimmt.

Aber genau die Verbreitung der Pflanze ist auch das Vergnügliche daran – denn wenn die Samenkapseln des Springkrauts reif sind, platzen sie auf und können ihre Samen bis zu zehn Meter weit durch die Luft schleudern. Genau das hat uns als Kindern immer wieder Spaß gemacht: Wenn wir dicke Samenkapseln sahen, konnten wir nicht widerstehen und haben sie mit den Fingern zum Platzen gebracht. Das hat an den Fingern immer herrlich gekitzelt und wir konnten gar nicht damit aufhören.

Von genervten Gartenfreunden, die auf das Springkraut nicht gut zu sprechen sind, sollte man sich dabei lieber nicht erwischen lassen. Und wenn doch, kann man ja immer noch sagen: Das wäre eh auch ohne mich geplatzt. Stimmt ja auch. Aber vorsichtig: Das Springkraut nicht essen! Es ist giftig und kann Übelkeit und Durchfall verursachen.

RÄTSEL

Was geht über die Flüsse und hat doch keine Füße?

Was trägt ganz ohne Masten die allerschwersten Lasten?

Was rührt und regt sich nicht, es sei denn, dass sie bricht?

Die Brücke

Bockspringen

Wer das Bockspringen nur aus dem Sportunterricht kennt, wo über den Kasten gesprungen wird, kennt nur den halben Spaß. Beim Bockspringen auf der Wiese oder im Garten hüpft man auf die gleiche Art über die gebückten Freunde.

Besonders lustig wird's natürlich dann, wenn jemand scheitert und Bock und Springer im Gras landen, was fast immer irgendwann passiert.

Wenn genügend Kinder mitmachen, können sie es auch als Wettbewerb in zwei Gruppen spielen: Das ganze Team stellt sich in einer Reihe hintereinander auf. Der Vorderste geht ein Stück vor und stellt sich in gebückter Haltung hin – möglichst stabil, am besten die Hände auf die Knie gestützt.

Der Zweite springt nun mit gegrätschten Beinen über den Ersten hinweg und stellt sich, ebenfalls gebückt, mit etwas Abstand davor. Der Dritte muss also schon über zwei Böcke springen. So geht es immer weiter.

Sind alle durch, richtet sich der Erste (jetzt der Hinterste) wieder auf, springt über alle hinweg und tritt dann seitlich ab. Nun startet der Zweite, und so weiter, bis alle wieder stehen.

→ FÜR DRAUSSEN

Kreisball

Für dieses Spiel braucht man so viele Bälle wie Mitspieler, denn jeder kriegt einen. Alle stehen im Kreis, der nicht zu eng sein sollte, und ein Spieler gibt das Startsignal – besser noch einen Count-down, denn dieses Spiel hat Rhythmus: Jeder wirft seinem linken Nachbarn den Ball zu, und schon kommt von rechts der Ball des anderen Nachbarn geflogen. Wer den Ball nicht fängt, scheidet aus, sodass am Ende zwei Spieler übrig bleiben, die einander auf Kommando ihre Bälle zuwerfen, bis einer einen Fehler macht.

→ ZUM BASTELN

Knalltüte

DAS BRAUCHT'S ...
- Ein Blatt Papier DIN A4

... UND SO GEHT'S
Das Blatt liegt im Hochformat auf dem Tisch, wird in der Mitte gefaltet – Oberkante auf Unterkante – und wieder geöffnet. Dann wird es ins Querformat gedreht, nochmal so gefaltet wie eben und wieder geöffnet. Das Blatt hat jetzt ein Mittelkreuz.
Die vier Ecken werden zur Mittellinie gefaltet, so dass die kurzen Seiten des Blattes auf der Mittellinie zu liegen kommen. Dann wird die obere Hälfte nach unten geklappt und die rechte Hälfte auf die linke.
Zuletzt wird die linke Spitze (nur eine der beiden Lagen) so nach unten gefaltet, dass die obere und die rechte Kante aufeinander liegen. Auf der Rückseite wiederholen. Fertig ist die Knalltüte!
Mit Daumen und Zeigefinger hält man die untere Spitze fest und schlägt die Tüte wie eine Peitsche durch die Luft, sodass sich ihre Lasche mit einem „Peng!" ausklappt.

→ FÜR DRINNEN

Ins Wasser gefallen

Das ist wieder ein Fingerspiel, bei dem eine kleine Geschichte erzählt wird. Bei jedem Vers wackelt man mit einem Finger, immer sobald „der" genannt wird: Zuerst kommt der Daumen, dann der Zeigefinger ...
Statt zu wackeln, kann man auch mit dem Zeigefinger der anderen Hand drauftippen oder Ähnliches.

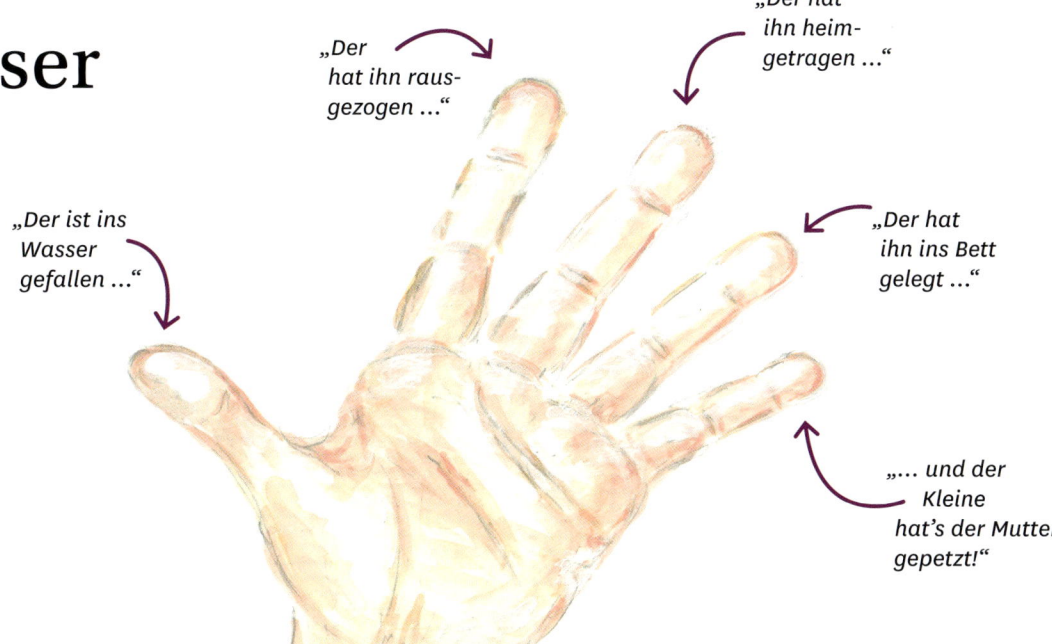

„Der hat ihn rausgezogen ..."

„Der hat ihn heimgetragen ..."

„Der ist ins Wasser gefallen ..."

„Der hat ihn ins Bett gelegt ..."

„... und der Kleine hat's der Mutter gepetzt!"

REIM

Bim! Bam! Glöckchen,

da oben steht ein Stöckchen,

da oben steht ein Schilderhaus,

da gucken drei Mamsellchen raus.

Die erste heißt Mariechen,

die zweite heißt Sophiechen,

die dritte schließt den Himmel auf

und lässt die liebe Sonne raus.

Weihbüschl zu Mariä Himmelfahrt

Wenn am 15. August das Fest Mariä Himmelfahrt gefeiert wird, spielen Pflanzen eine wichtige Rolle. Der Legende nach hat es nämlich aus Marias leerem Grab nach Rosen und Kräutern geduftet. In anderen Erzählungen heißt es, dass rund um ihr Grab Blumen und Heilkräuter wuchsen. Daraus entstand der Brauch, an diesem Tag Kräuterbüschel zu binden und in der Kirche weihen zu lassen. In den Alpenländern wird der Brauch bis heute gepflegt.

In ein Weihbüschl gehören je nach Tradition sieben, neun oder zwölf verschiedene Pflanzen. Dabei steht die Sieben für die sieben Tage, in denen Gott die Welt erschaffen haben soll. Die Neun ist dreimal drei und soll auf die Dreifaltigkeit hinweisen, die Zahl Zwölf auf die zwölf Apostel.

In die Mitte des Büschels kommt immer eine Königskerze, drumherum Heilkräuter wie Kamille, Salbei, Schafgarbe, dazu Gewürzkräuter wie Thymian, Salbei und Liebstöckl. Außen am Kräuterbuschen ist Getreide, zum Beispiel Weizen und Roggen.

Am 15. August begann früher damit auch die Hauptsaison des Kräutersammelns. Sie dauerte 30 Tage, man nannte diese Zeit auch „Frauendreißiger". Denn es waren die Frauen (und Kinder!), die in dieser Zeit die Kräuter pflückten und trockneten, um sie im Herbst und Winter als Hausmittel für die Familie parat zu haben.

→ FÜR DRINNEN
Endloser Unsinn

„Wenn der Hund
mit der Wurst
übern Spucknapf springt
und der Storch
in der Luft
den Frosch verschlingt ..."

Dieser bekannte Unsinnsspruch kann wieder und wieder umgestellt werden, sodass der Quatsch kein Ende nimmt. Angeblich soll es 720 Möglichkeiten geben, die Elemente zu vertauschen. Einfach mal probieren, zum Beispiel:

„Wenn der Storch
in der Luft
übern Spucknapf springt
und der Hund
mit der Wurst
den Frosch verschlingt ..."

„Wenn die Wurst
mit dem Hund
übern Spucknapf springt
und der Frosch
in der Luft
den Storch verschlingt ..."

„Wenn der Spucknapf
mit der Wurst
übern Frosch wegspringt
und die Luft
mit dem Hund
den Storch verschlingt ..."

→ FÜR DRAUSSEN
Wer hat Angst vorm Schwarzen Mann?

Dieses Spiel funktioniert erst ab etwa acht oder zehn Mitspielern richtig gut. Als Erstes wird ein Spielfeld vereinbart. Am einen Ende des Feldes steht der Schwarze Mann, am gegenüberliegenden stehen die Mitspieler. Der Schwarze Mann ruft: „Wer hat Angst vorm Schwarzen Mann?" Die Mitspieler antworten: „Niemand!"

Darauf fragt wieder der Schwarze Mann: „Und wenn er aber kommt?" Die Mitspieler rufen: „Dann laufen wir davon!" Und sofort rennen sie los, um auf die andere Seite des Spielfeldes zu gelangen. Der Schwarze Mann versucht, möglichst viele von ihnen während des Laufens zu berühren. Wer abgeschlagen wurde, hilft in den nächsten Runden dem Schwarzen Mann beim Fangen, bis keine Spieler mehr übrig sind. Als Erschwernis für die Weglaufenden kann vereinbart werden, dass sie immer nur vorwärts oder seitwärts laufen dürften, aber nie zurück Richtung Startlinie. Der Schwarze Mann darf sich in alle Richtungen bewegen.

→ ZUM BASTELN
Gummizither

DAS BRAUCHT'S ...
- Gummibänder
- Einen Blumentopf, Joghurtbecher, eine kleine Kiste oder Blechdose

... UND SO GEHT'S
Die Gummibänder werden um das jeweilige Gefäß gespannt, und wenn man dran zupft, dann klingt's!

Am besten probiert man verschiedene Klangkörper aus, denn ein Blumentopf klingt ganz anders als eine Blechdose. Und wenn man es geschickt anstellt, kann man mehrere Gummis nebeneinander aufziehen und ihre Spannung so anpassen, dass sie eine Melodie spielen ...

... und nächste Woche gibt's ein ganz ähnliches Gedicht auf Bairisch!

REIM

Was tu ich am Montag?
Da will ich singen.

Was tu ich am Dienstag?
Da will ich springen.

Am Mittwoch geh ich hinaus,

am Donnerstag bleib ich zu Haus.

Am Freitag fahr ich Rad,

am Samstag nehm ich ein Bad.

Kommst du am Sonntag mich besuchen,

dann back ich einen leckren Kuchen.

Wir bauen ein Wasserrad

Bäche und Weiher sind im Sommer sooo tolle Spielplätze! Wir haben dort früher massenweise Kaulquappen gefangen, haben aus Steinen, Holz und Matsch Staudämme errichtet – und Wasserräder gebaut, die mal besser, mal weniger gut funktionierten.

Für ein kleines Wasserrad braucht man zwei Astgabeln, die unten zugespitzt und in das Bachbett gesteckt werden. Dann sucht man einen dickeren Haselnussstecken (oder einen anderen glatten, runden Holzstecken), dessen Rinde man mit einem Taschenmesser in der Mitte rundherum ein paar Mal einritzt. Dort sollen dann die Halterungen der Schaufelräder befestigt werden.

In diese Ritzen steckt man kleinere Weidenstöckchen, die vorher alle auf dieselbe Länge zugeschnitten und an der Spitze gespalten werden. In diesen Spalt klemmt man ein Holzblättchen oder etwas anderes Flaches, Hartes, das als Schaufelfläche dienen kann.

Das fertige Wasserrad wird dann auf die beiden Astgabeln gelegt, sodass die Schaufelräder ganz leicht das Wasser berühren. Durch die Strömung des Baches beginnt sich das Wassermühlchen zu drehen.

→ FÜR DRAUSSEN

Juhuu, die Kirschen sind reif …

… und sie schmecken nicht nur köstlich nach Sommer und Sonne, sondern sind auch seit jeher ein beliebtes Spielzeug. Erstens ihre Kerne, denn damit kann man beim Naschen alle möglichen Spuckwettbewerbe machen: Wer schafft es, den Kern von einer Startlinie aus am weitesten zu spucken? Wer trifft damit am öftesten ein Ziel, zum Beispiel einen Eimer oder einen Kreis? Und zweitens sind die knallroten Kirschen-Paare, noch zusammenhängend vom Baum gepflückt, ein wunderbarer Schmuck zum An-die-Ohren-hängen! Es kann übrigens nicht schaden, ein paar mehr davon zu essen, sagt man, denn Kirschen sollen schlau machen. Der Grund sei die in ihnen enthaltene Kieselsäure.

Zum Kirschenessen gibt's natürlich auch ein nettes Sprüchlein:

„Rote Kirschen ess ich gern, schwarze noch viel lieber. In die Schule geh ich gern, zu Hause bleib ich lieber."

→ ZUM BASTELN

Flaschenpost

DAS BRAUCHT'S …
- Leere Flasche mit Korken
- Papier
- Stifte
- Kerze

… UND SO GEHT'S

Zuerst überlegt man sich eine Botschaft für den zukünftigen Finder der Flaschenpost. Das kann ein netter Brief sein oder man malt ein schönes Bild. Dann rollt man das Papier eng zusammen und steckt es in die leere Flasche. Die Flasche wird fest mit dem Korken verschlossen, damit später kein Wasser hineinkommen kann. Am besten tropft man zusätzlich heißes Wachs auf die Nahtstelle zwischen Korken und Flasche. Jetzt kann die Flaschenpost auf eine lange, spannende Reise gehen!

→ FÜR DRINNEN

Rücken an Rücken

Jedes Kind sucht sich einen Partner. Dann setzen sich die beiden auf den Boden und zwar Rücken an Rücken. Jeder streckt seine Ellenbogen nach hinten, sodass die beiden Partner sich beieinander einhaken, also ihre Arme miteinander verschränken können. Welches Paar kommt aus dieser Position am schnellsten wieder auf die Beine? Natürlich ohne dabei die verschränkten Arme zu lösen!

Montag fangt die Wochn an,

Dienstag hab i no nix tan.

Mittwoch mitt'n in der Wochn,

Donnerstag will i was kochn.

Freitag's gar a harter Tog,

den i kaum datragn mog.

Samstag muaß ma si putzn und schearn,

Sonntag Gott lobn und verehrn.

Früher wurde nicht jeden Tag geduscht: Zähneputzen, Gesicht und Hände waschen reichte für die tägliche Pflege. In den meisten Familien gab's eh kein Badezimmer, nur das Spülbecken in der Küche. Doch für den Sonntag putzte man sich raus. Deshalb war der Samstag in fast allen Familien der Badetag: Ein Bottich in der Küche wurde mit warmem Wasser gefüllt. Darin wurden erst die Kinder geschrubbt, dann die Erwachsenen.

Völkerball

Nicht jeder mag dieses Spiel, schon der Name klingt manchem zu kriegerisch. Aber wenn alle vereinbaren, dass man fair bleibt und niemandem den Ball böse gegen den Kopf wirft, kann es viel Spaß machen. Man braucht dazu mindestens zehn oder zwölf Leute – Völkerball kann man aber auch zu dreißigst spielen.

Bevor es losgehen kann, wird ein Spielfeld abgesteckt und in zwei Hälften aufgeteilt. Gespielt wird innerhalb und außerhalb des Feldes, deswegen gilt die Mittelinie auch über den Rand des Spielfelds hinaus. Jede Mannschaft stellt sich in ihre Feldhälfte. Wer den Ball hat, muss versuchen, gegnerische Spieler abzuwerfen. Wer getroffen wurde, ohne den Ball zu fangen, muss aus dem Feld – und zwar (das ist nur eine von mehreren Varianten, aber die spannendste) in den Außenbereich auf der gegnerischen Seite. Das bedeutet: Jede Mannschaft steht im Laufe der Zeit ihren Gegenspielern nicht nur gegenüber, sondern wird von ihnen umzingelt.

Wer raus musste, darf nämlich weiterhin mitspielen und mitwerfen. Er darf sogar zurück ins Feld – wenn es ihm gelingt, einen Gegner im Feld abzuschießen. Die Mannschaft, deren Feld verwaist, hat verloren.

→ FÜR DRAUSSEN

Kaiser, König, Edelmann

Für dieses Ballspiel werden sechs Kreise auf den Boden gemalt oder sechs Gymnastikreifen hingelegt: je einer für den Kaiser, den König, den Edelmann, den Bürger, den Bauern und den Bettelmann.

Jeder Spieler stellt sich in einen Kreis. Dann werfen sie einander den Ball zu, jeder darf ihn zu jedem werfen, es gibt keine bestimmte Reihenfolge. Wer den Ball nicht fängt oder zum Fangen seinen Kreis übertritt (oder so schlecht geworfen hat, dass es wirklich niemand hätte fangen können), muss den Ball holen und verliert dabei seinen Status: Er muss in den Kreis des Bettelmanns gehen. Sobald er seinen eigenen Kreis verlassen hat, dürfen auch alle anderen loslaufen und versuchen, einen besseren Platz zu erreichen.

Hat etwa der Edelmann den Ball verpasst, dann haben Bürger, Bauer und Bettelmann die Chance zum Aufstieg – Kaiser und König bleiben natürlich stehen und schauen dem Treiben der Untertanen zu. Falls es übrigens der Bettelmann war, der den Ball verpasst hat, dann passiert nichts weiter: Er muss den Ball holen, aber ihm macht natürlich keiner den Platz streitig.

Sind alle Plätze wieder vergeben, geht das Spiel weiter. Sieger und Verlierer gibt es bei Spielende nicht, es geht einfach nur um den Spaß.

Für mehr als sechs Spieler kann der Figurenreigen auch vergrößert werden. Nimmt man etwa das Sprüchlein hier rechts auf der Seite als Vorgabe, dann können sogar zehn Kinder mitspielen. Wobei man über die Reihenfolge der einzelnen Figuren noch streiten kann: Hat es der Leinenweber nicht besser als der Bauer?

Kartoffeldruck

DAS BRAUCHT'S …
- Rohe Kartoffeln
- Küchenmesser
- Ausstechformen für Plätzchen
- Acryl-, Wasser oder Textilfarben (je nachdem, worauf gestempelt werden soll)
- Pinsel

… UND SO GEHT'S
Zuerst werden die Kartoffeln halbiert.

Dann drückt man eine Ausstechform in die Schnittfläche der Kartoffel, etwa einen Zentimeter tief. Mit einem Messer schneidet man dann den Rand rund um die Ausstechform vorsichtig weg und zieht diese schließlich wieder von der Kartoffel ab. So sollte eine Erhöhung in Form des Ausstechmotivs entstanden sein. Bevor man diese Stempelfläche mit Farbe bepinselt, sollte man sie am besten noch mit einem Küchentuch abtupfen. Dann kann's schon losgehen: T-Shirts, Kartons (oder was auch immer bedruckt werden soll) werden ausgebreitet und mit den bunten Stempeln bedruckt.

→ FÜR DRINNEN

Knotenmutter
auch bekannt als: Gordischer Knoten

Bei diesem Spiel entsteht ein wildes Durcheinander. Da braucht man einen guten Blick, um alles wieder in Ordnung zu bringen … Zuerst wird ein Kind bestimmt, das die Knotenmutter ist. Sie muss erst mal aus dem Raum gehen, damit sie nicht spicken kann. Alle anderen Kinder fassen sich an den Händen und stellen sich im Kreis auf. Nun verknoten sie sich, indem sie unter den Armen der anderen Kinder durchklettern oder darüber steigen oder sich wie eine Schnecke eindrehen, bis ein dickes Knäuel aus vielen Händen und Armen entstanden ist. Wichtig ist, dass sich alle Mitspieler während der ganzen Zeit an den Händen halten und nicht loslassen. Dann wird die Knotenmutter hereingeholt und hat nun die Aufgabe, den riesigen Knoten zu entwirren, bis alle Kinder wieder im ursprünglichen Kreis stehen. Die Knotenkinder müssen dabei brav tun, was die Knotenmutter anweist: drübersteigen, durchkriechen – schließlich kann sie nicht einen Kinderhaufen über jemandes Arme lupfen! Und natürlich darf auch hierbei die Kette nie aufreißen.

REIM

Kaiser, König, Edelmann,

Bürger, Bauer, Bettelmann,

Müller, Maler, Leinenweber

und zum Schluss der Totengräber.

Verstecken mit Anschlagen

Ein Spieler ist der Fänger. Er stellt sich mit dem Gesicht zur Wand und zählt laut und sehr langsam von eins bis zehn. In dieser Zeit verstecken sich alle Mitspieler. Wenn der Fänger bis zehn gezählt hat, ruft er:

„Eins, zwei, drei, vier, Eckstein, alles muss versteckt sein! Hinter mir, vor mir, links, rechts gilt's nicht. Eins, zwei, drei – ich komme!"

Nun beginnt die Jagd: Entdeckt der Fänger ein Kind, ruft er dessen Namen, und beide rennen schnell zur Wand, um dort anzuschlagen. Schlägt der Fänger zuerst an, ruft er den Namen des Kindes und „ab!", also zum Beispiel: „Maria ab!" Ist jedoch der Versteckte schneller an der Wand, ruft er sich frei, zum Beispiel: „Maria frei!" Wer frei ist, kann in der nächsten Runde nicht als Fänger ausgewählt werden.

Auch Mitspieler, die noch nicht entdeckt wurden, können es wagen, sich aus ihrem Versteck zu schleichen und sich freizuschlagen. Dazu wird vorher meist ausgemacht, wie weit ein Versteck mindestens vom Anschlagplatz entfernt sein muss, damit keiner eine zu günstige Ausgangsposition hat für seinen Lauf hat.

Damit es keinen Streit darüber gibt, ob der Fänger einen Mitspieler wirklich entdeckt und nicht nur einfach so seinen Namen gerufen hat, kann man auch vereinbaren, dass der Fänger den Versteckten erst antippen muss, bevor beide zum Abschlagplatz fetzen.

→ FÜR DRINNEN

Ballerina schmeißen

Am besten spielt man dieses rüde Spiel auf einem Matratzenlager oder einem dicken, weichen Teppich. Ein Kind ist der Schmeißer, alle anderen sind Ballerinas: Eine nach der anderen stellt sich auf die Zehenspitzen und streckt einen Arm nach oben. Der Schmeißer hält die Ballerina an diesem Arm wie einen Kreisel, dreht sie ein paar Mal und schubst sie dann. Die Ballerina muss sofort in der Stellung gefrieren, in der sie sich fängt – ob noch stehend oder schon auf der Matte. Sind alle Ballerinas gefroren, wählt der Schmeißer die mit der schönsten Haltung: Sie wird der neue Schmeißer.

→ ZUM BASTELN

Hagebuttenkette

DAS BRAUCHT'S …
- Hagebutten
- Nadel
- Faden

… UND SO GEHT'S

Die vom Strauch geernteten Hagebutten werden mit Hilfe einer Nadel aufgefädelt. Wenn die Kette lange genug ist, damit man sie um den Hals legen kann, knotet man die Fadenenden zusammen. Dann legt man die Kette ein paar Stunden in den Ofen und lässt sie bei ganz schwacher Hitze langsam trocknen. Wenn die Kette abgekühlt ist, kann man sie als Hagebuttenschmuck tragen.

(Noch mehr Spaß mit Hagebutten haben wir in der nächsten Woche!)

→ FÜR DRAUSSEN

Wir machen ein Lagerfeuer

Abendliche Lagerfeuer, in denen Kartoffeln gebraten wurden oder Stockbrot geröstet, waren für uns echte Sommer-Highlights. Allerdings war es früher auch noch einfach, geeignete Plätze dafür zu finden. Wenn man am Ufer eines Weihers oder des Baches ein Feuer machte, störte das keinen. Auch in vielen Gärten stellten die Eltern ein Ecklein zur Verfügung, da durften unter Aufsicht dann sogar die Kleineren am Feuer sitzen.

Heute ist das Feuermachen an sehr vielen Orten verboten, und das hat ja auch gute Gründe. Zuallererst muss man sich also einen geeigneten Platz suchen, an dem man das Feuer machen darf und wo nichts passieren kann. Er sollte weit weg von Bäumen, Gebüschen und anderen brennbaren Sachen sein. Gut ist es, wenn man für das Feuer ein kleines Erdloch ausheben kann.

Damit das Lagerfeuer schön und möglichst lange brennt, sollte man eher hartes – und natürlich trockenes – Holz verwenden. Harthölzer sind zum Beispiel Birke, Esche, Ahorn und Buche. Weiches Holz, etwa das von Weide oder Linde, verbrennt sehr schnell.

Zum Entfachen des Lagerfeuers braucht es Zunder, also gut entflammbares Kleinmaterial. Dürre Zweiglein sind gut, Zeitungspapier, trockenes Laub und trockene Rinde sowie kleine Holzspäne. Es sollte genügend davon da sein, um nachzulegen, wenn das Feuer zu brennen beginnt. Erst wenn der Zunder gut brennt, werden nach und nach die größeren Holzstücke dazugelegt.

Ein großes Vergnügen ist es, Stockbrot über dem Feuer zu backen! Einen Brotteig, der für etwa zehn Portionen reicht, macht man so: **500 g Mehl** und **1 Prise Salz** in eine Rührschüssel geben. **1 Tasse Milch** lauwarm erhitzen, **1 Hefewürfel** hineinzubröseln und mit **1 Prise Zucker** verrühren. Das Milchgemisch zum Mehl geben, **100 ml Öl** hinzugeben und kneten, bis alles einen glatten Teig gibt. Diesen mit einem Tuch abdecken und an einem warmen Ort eine halbe Stunde gehen lassen. Noch einmal durchkneten und ausrollen.

Man kann den Teig schon daheim in Stücke teilen und strangweise um Stöcke wickeln, aber mehr Spaß macht es, die Teigschüssel erst am Lagerfeuer zu öffnen und den Brotteig ans Ende eines Steckens zu patzen (möglichst gleichmäßig, damit das Brot gut backt). Der Stock wird dann ins Feuer gehalten. Es ist gar nicht so leicht, den richtigen Zeitpunkt zwischen roh und verbrannt zu finden …

1, 2, 3 –
wer hat den Ball?

Für dieses Wurf- und Ratespiel sollte man mindestens zu viert sein. Mit mehr Spielern ist die Herausforderung größer. Einer wird als Werfer bestimmt und bekommt den Ball, die anderem stellen sich in einiger Entfernung von ihm nebeneinander auf.

Dann dreht der Werfer der Gruppe den Rücken zu. Er wirft den Ball rückwärts über seinen Kopf in Richtung der Mitspieler. Einer aus der Reihe fängt den Ball und versteckt ihn hinter seinem Rücken. Auch die anderen Spieler nehmen ihre Arme hinter den Rücken.

Nun darf sich der Werfer umdrehen und raten, wer den Ball versteckt hält. Rät er richtig, darf er noch einmal werfen. Ansonsten wird derjenige der Werfer, der den Ball gefangen hatte.

Oft kann der Werfer ungefähr abschätzen, wohin er geworfen hat und bei wem der Ball gelandet sein dürfte. Aber eben nur, wenn ihn wirklich jemand fängt. Darum sollte vor dem Spiel vereinbart werden, wer den Ball holen darf, wenn ihn niemand fängt: Nur der Mitspieler, der dem Ball am nächsten steht – oder jeder beliebige Spieler? Im letzteren Falle wird das Raten schwieriger. Aber das wäre dann halt die Strafe für das vorherige schlechte Zielen …

→ FÜR DRINNEN
Wörterschlangen

Für dieses Spiel braucht man nicht viel Platz, und man kann es unendlich lange spielen. Ein prima Zeitvertreib für Geschwister und Freunde auf langweiligen Auto- oder Zugfahrten!
Der erste Mitspieler denkt sich ein zusammengesetztes Wort aus und sagt es, zum Beispiel „Feder-

ball". Der nächste Spieler muss nun ein zusammengesetztes Wort finden, das mit dem letzten Wort des Vorgängers beginnt, also in diesem Fall mit „Ball …".
So geht es immer weiter, bis eine riesig lange Wörterschlange entstanden ist: Federball – Ballspiel – Spieluhr – Uhrzeit – Zeitspanne …

Wer es etwas einfacher haben möchte, kann auch Buchstabenschlangen bilden. Dabei muss das neue Wort immer mit dem letzten Buchstaben des vorherigen Wortes beginnen. Dafür wird aber zuvor eine Rubrik festgelegt, aus der die Wörter kommen sollen, zum Beispiel Tiere, Berufe Städte oder Länder.

Tiere: Katze – Esel – Leopard – Delphin – Nashorn …

Berufe: Polizist – Tierpfleger – Rechtsanwalt – Tischler …

Städte: Rom – München – New York – Kairo – Oslo …

Länder: Deutschland – Dänemark – Kroatien – Norwegen …

→ ZUM BASTELN
Rassel

DAS BRAUCHT'S …
- Zwei Joghurtbecher
- Finger- oder Acrylfarben
- Pinsel
- Reiskörner oder Linsen
- Kleber

… UND SO GEHT'S
Die beiden Joghurtbecher werden bunt bemalt. Wenn die Farbe getrocknet ist, füllt man die Reiskör-

ner oder Linsen in einen Becher und bestreicht den Rand mit Kleber. Dann wird der zweite Becher obendrauf gestülpt und beide fest zusammengedrückt, damit der Kleber gut hält.
Wer mag, kann auch ausprobieren, ob andere Füllungen gut klingen: Perlen, Steinchen …

→ FÜR DRAUSSEN
Juckpulver

Wenn früher die Hagebutten reif waren und leuchtend rot in der Hecke hingen, war bald jedes Kind mit selbstgemachtem Juckpulver bewaffnet – vor allem den Buben schien es nie auszugehen. Ständig musste man auf der Hut sein, dass einem damit keiner an den Kragen ging!

Um das Juckpulver herzustellen, sammelt man dicke, reife, rote Hagebutten, die vorsichtig mit dem Taschenmesser aufgeschnitten werden. Dann kratzt man die kleinen, weißen Kerne heraus, befreit sie von allen Fruchtfleischresten und lässt sie an der Sonne trocknen.

Fertig ist das Juckpulver, das jedem, der nicht aufpasst, in den Kragen geschüttet wird. Die Hagebuttenkerne jucken wirklich tüchtig. Schuld daran sind ihre kleinen Härchen, an denen Widerhaken sitzen. Aber Vorsicht: Wenn jemand Allergien hat, hört der Spaß auf!

*Dunkel war's,
der Mond schien helle,*

*schneebedeckt die
grüne Flur,*

*als ein Auto blitzeschnelle
langsam um die Ecke fuhr.*

*Drinnen saßen
stehend Leute,*

*schweigend ins
Gespräch vertieft,*

*als ein
totgeschoss'ner Hase*

*auf der Sandbank
Schlittschuh lief.*

*Ringsumher herrscht'
tiefes Schweigen*

*und mit
fürchterlichem Krach*

*spielten in des
Grases Zweigen*

*zwei Kamele
lautlos Schach …*

HERBST

Sackhüpfen

Das ist ein wahrer Klassiker auf Kindergeburtstagen! Man braucht eigentlich nur große Säcke, zum Beispiel aus Jute, und schon kann das große Wetthüpfen losgehen.

Das Ziel sollte etwa 20 Meter vom Start entfernt sein. Wer mitspielen will, klettert mit beiden Beinen in einen Sack. Dieser sollte bis zur Hüfte reichen und wird mit den Händen festgehalten. Dann stellen sich alle an die Startlinie und auf „Los!" hüpfen sie um die Wette zum Ziel. Wer zuerst dort angekommen ist, hat gewonnen.

Beim Staffelsackhüpfen werden zwei Mannschaften gebildet: Etwa zehn Meter von der Start- und Ziellinie entfernt wird ein Wendepunkt markiert, zum Beispiel mit einem Eimer oder einem Stuhl. Der erste Spieler jedes Teams steigt in den Sack und hüpft beim Startkommando los, um den Wendepunkt herum und wieder zurück.

An der Ziellinie schlüpft er schnell aus dem Sack und lässt den zweiten Spieler der Mannschaft hinein, der dann sofort losspringt. Und so weiter. Am Ende gewinnt die Mannschaft, deren Spieler zuerst alle über die Ziellinie gehüpft sind.

Den Häftling befreien

Ein Spieler ist der Gefangene, die anderen Spieler teilen sich auf in Bewacher und Befreier. Diese beiden Gruppen müssen nicht unbedingt gleich groß sein. Der Gefangene kommt auf einen markierten Platz, die Bewacher verteilen sich um ihn herum. Ganz außenrum stehen die Befreier und versuchen, dem Gefangenen einen Ball zuzuwerfen oder zuzurollen. Die Bewacher fangen den Ball ab und geben ihn an die Befreier zurück. Erwischt der Gefangene jeodch den Ball, ist er befreit und es beginnt eine neue Häftlings-Spielrunde.

Pfitschigogerl
... auch ohne P: Fitschigogerl

Für diese Mischung aus Tischfußball und Billard braucht man viel Fingerspitzengefühl.
Auf einem Tisch oder Brett werden zwei Tore aufgezeichnet (natürlich in der Mitte der schmalen Seiten). Gespielt wird mit Münzen: Eine kleine Münze ist gewissermaßen der Ball. Jeder Spieler hat zwei große Münzen auf dem Feld liegen und in der Hand ein Lineal, eine Karte oder irgendetwas etwas anderes Hartes mit flacher Kante. Wer an der Reihe ist, schubst damit eine der eigenen Münzen so an, dass sie die kleine Ballmünze ins gegnerische Tor befördert.
Das macht auch Erwachsenen so viel Spaß, dass es sogar Vereine und Meisterschaften dafür gibt ...

Kaleidoskop

DAS BRAUCHT'S ...
- Festen Karton in DIN A4
- Pergamentpapier
- Klarsichtfolie
- Selbstklebende Spiegelfolie (gibt's im Bastelladen)
- Bunte Perlen, mindestens 5 Millimeter groß
- Lineal und Bleistift
- Schere
- Klebestreifen

... UND SO GEHT'S
Zuerst schneidet man aus dem Karton und aus der Spiegelfolie ein zwölf mal acht Zentimeter großes Rechteck aus. Dann klebt man die Spiegelfolie passgenau auf den Karton und schneidet ihn der Länge nach in drei Streifen, diese sind dann also vier Zentimeter breit. Die Streifen werden nebeneinandergelegt und auf der Kartonseite mit einem Klebefilm zusammengeklebt. Dann klappt man sie zu einer dreieckigen Röhre zusammen. Die spiegelnde Seite muss dabei innen sein, denn dort guckt man ja später hinein. Ein weiterer, letzter Klebestreifen fixiert die Röhre.
Dann wird ein Stück Klarsichtfolie straff über ein Ende der Röhe gespannt und mit Klebestreifen befestigt. Das andere Ende der Röhre stellt man auf den restlichen Karton und überträgt den Umriss. Dieses Dreieck schneidet man aus und sticht in die Mitte ein kleines Loch. Das wird später das Guckloch sein. Das Dreieck wird dann mit Klebestreifen befestigt.
Jetzt kommt das Gefäß für die bunten Perlen: Dazu schneidet man ein weiteres Rechteck aus, diesmal 13,5 mal fünf Zentimeter, und teilt es in drei Streifen zu je 4,5 Zentimetern. Auch diese werden wieder mit Klebestreifen zu einer kurzen dreieckigen Röhre zusammengeklebt (die somit etwas dicker ist als die Spiegelröhre, sodass man sie später drüberstülpen kann). Die Röhre aufs Pergamentpapier stellen, Umrisse übertragen, ausschneiden und als Deckel auf die Röhre kleben.
Zuletzt werden die beiden Teile des Kaleidoskops verbunden: In das kleine dreieckige Schächtelchen, das zuletzt entstanden ist, schüttet man die bunten Perlen und stülpt es über die Spiegelröhre. (Nun wird deutlich, warum die Perlen eine Mindestgröße haben müssen: Zwischen beiden Röhren ist noch etwas Spielraum, da sollen sie nicht herausrollen. Will man kleinere Schmuckobjekte im Kaleidoskop haben, muss die äußere Röhre entsprechend enger bemessen sein.)
Am besten verbindet man beide Teile noch mit Klebeband – und dann ab vors Fenster oder vor ein helles Licht, um die schönen, bunten Spiegelmuster zu bestaunen!

ABZÄHLVERS

Ene, mene, durz,

der Teufel lässt 'nen Furz.

Lässt ihn in die Hose,

stinkt nach Aprikose.

Lässt ihn wieder aus

und du bist raus!

Spaß mit Kastanien

Was man mit Kastanien alles anstellen kann! Tierfiguren und Kastanienmännchen draus basteln natürlich. Oder Körbewerfen: Dazu befestigt man einen kleinen Eimer an einem Ast – je höher, desto schwieriger. Jeder bekommt die gleiche Anzahl Kastanien und versucht, in den Eimer zu treffen. Ist kein Eimer in der Nähe, zielt man halt in eine Kappe, die man in einiger Entfernung auf den Boden legt, oder irgendein anderes Ziel.

Lustig ist es auch immer, eine einzelne Kastanie in einem großen Laubhaufen zu verstecken, und alle anderen stürzen sich aufs Startkommando hinein und suchen sie. Da fliegen die Blätter! Wer die Kastanie zuerst entdeckt und zu fassen kriegt, ist Sieger.

Nicht ungefährlich waren die Kastanienschleudern, die wir als Kinder gebastelt haben. Man darf sie wirklich nur auf einem freien Gelände benutzen, nicht auf Lebewesen zielen, und Fenster sollten auch nicht in der Nähe sein. Gebastelt sind die Schleudern ruckzuck: Dazu verschließt man die Öffnung einer Klopapierrolle mit einem Stück eines kaputten Luftballons. Der Gummifetzen wird

mit Klebeband fest an der Rolle angeklebt, und fertig ist die Schleuder. Man legt eine Kastanie (weniger gefährlich sind Papierkügelchen) in die Rolle, greift sie samt Gummihaut, zieht auf und lässt los. Hui, mit welcher Wucht die Kastanie da rausschießt!

→ FÜR DRAUSSEN

Mutter, wie weit darf ich reisen?

Ein Kind spielt die Mutter, alle anderen stellen sich in einiger Entfernung ihr gegenüber. Nacheinander fragt nun jedes Kind: „Mutter, wie weit darf ich reisen?" Die Mutter antwortet mit einer Stadt oder einem Land, sie sagt zum Beispiel: „Dänemark!" Darauf-

hin fragt das Kind noch einmal: „Darf ich?" Erlaubt es die Mutter, darf es so viele Schritte auf die Mutter zugehen, wie die Stadt oder das Land Silben hat. Bei „Dä-ne-mark" darf es also drei Schritte vorwärts machen. Geht das Kind einfach los, ohne die Mutter

noch einmal gefragt zu haben, muss es zum Start zurück. Antwortet die Mutter auf die Frage „Darf ich?" mit „Nein", muss das Kind einfach da stehen bleiben, wo es war. Wer zuerst bei der Mutter ankommt, darf in der nächsten Runde die Mutter spielen.

→ ZUM BASTELN

Walnuss-Schiffchen

DAS BRAUCHT'S ...
- Leere Walnussschalenhälften
- Knete
- Zahnstocher
- Papier
- Schere
- Klebeband

... UND SO GEHT'S
Aus dem Papier wird ein dreieckiges Segel ausgeschnitten und mit dem

Klebeband am Zahnstocher befestigt. Ein Kapitän, der etwas auf sich hält, bemalt sein Segel vorher natürlich. Dann wird etwas Knete in eine Walnussschale gedrückt: So liegt das Schiffchen später stabil im Wasser, und zugleich lässt sich der Segelmast prima in der Knete feststecken. Fertig ist das Walnuss-Schiffchen!

REIM

Ich bin ein kleiner Pumpernickel,

ich bin ein kleiner Bär,

und wie mich Gott erschaffen hat,

so wackle ich daher.

→ FÜR DRINNEN

Der Daumen friert

Das ist wieder ein Fingerspiel, bei dem man ein Sprüchlein aufsagt und dazu an passender Stelle einen Finger nach dem anderen bewegt.
Eines ist jedoch anders als sonst: Beim Abzählen wird hier mit dem kleinen Finger begonnen. Der Daumen ist also der, der friert.

„Fünf Finger sitzen dicht an dicht, sie wärmen sich und frieren nicht."

„Der Zweite sagt: Ich will jetzt gehn!"

„Der Erste sagt: Auf Wiedersehn!"

„Der Dritte hält es nicht mehr aus, ..."

„... der Vierte geht zur Tür hinaus."

„Der Fünfte ruft: He, ihr, ich frier!"

Und zum Schluss legt sich die Faust um den Daumen:
„Da wärmen ihn die andern vier."

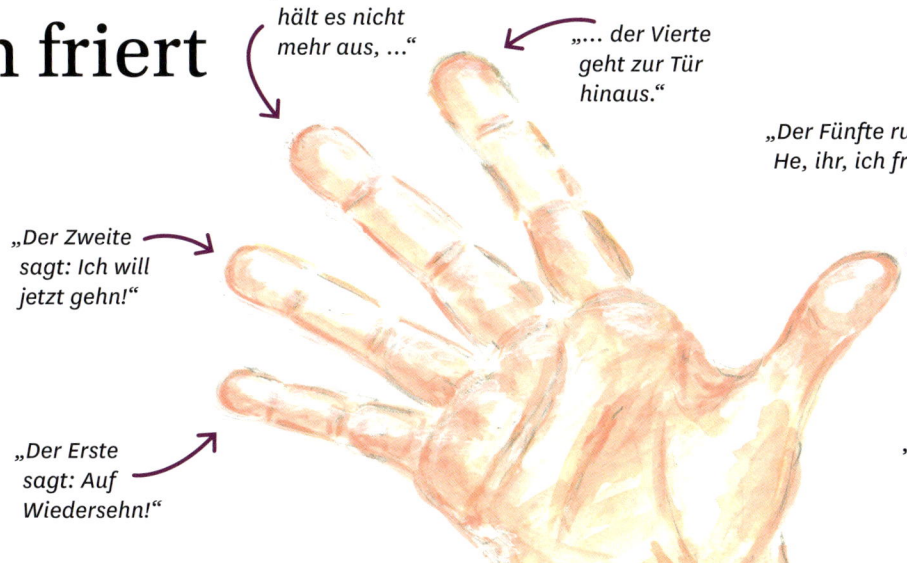

Bäumchen, wechsle dich!

Vor Beginn des Spiels müssen feste Plätze vereinbart werden, und zwar einer weniger, als Kinder mitspielen: Das können Bäume sein, ein Zaunpfahl, ein Laternenmast oder ein großer Stein im Garten … Wichtig ist nur, dass im Voraus festgelegt wird, welcher Standort Teil des Spiels ist. Dann wird ein Kind als Ansager ausgewählt und stellt sich in die Mitte. Alle anderen verteilen sich auf den festgelegten Plätzen.

Der Ansager gibt nun das Kommando: „Bäumchen, Bäumchen, wechsle dich!" Daraufhin verlassen alle ihren sicheren Platz und laufen los, um sich ein neues „Bäumchen" zu suchen. Auch der Ansager versucht, einen der markierten Plätze zu ergattern.

Da es ja ein Bäumchen zu wenig gibt, bleibt immer ein Kind übrig und wird das neue Ansager-Kind. Es geht in die Mitte und ruft wieder: „Bäumchen, Bäumchen, wechsle dich!" Das Spiel geht so lange, bis jemand Lust auf was anderes hat.

→ FÜR DRAUSSEN

König, ich bin in deinem Land!

Ein König ohne Königreich, wo gibt's denn so was? Also muss zuerst ein Spielfeld abgesteckt werden, ein großer Kreis zum Beispiel. Einer der Spieler wird zum König bestimmt, aber das ist kein gemütliches Amt, denn alle anderen versuchen, in sein Königreich einzudringen. Mit der Ankündigung „König, ich bin in deinem Land, ich stehl dir Gold und Silbersand!" übertreten sie die Grenze und tun so, als würden sie etwas vom Boden aufheben. Der König muss versuchen, die Hand eines Eindringlings zu erwischen. Kriegt er ihn zu packen, muss der Gefangene nun den König spielen.

→ ZUM BASTELN

Tic Tac Toe zum Mitnehmen

DAS BRAUCHT'S …

■ Einen kleinen Stoffbeutel (er darf aber nicht ganz winzig sein, denn er dient zugleich als Spielfeld)
■ Einen Stoffmalstift (in einer anderen Farbe als der des Beutels, damit er gut sichtbar ist)
■ Zehn kleine Steine
■ Acrylfarbe
■ Pinsel

… UND SO GEHT'S

Auf den Stoffbeutel wird mit dem Stoffmalstift das Spielfeld aufgemalt: entweder drei mal drei Kästchen oder nur die Trennlinien, also ein Doppelkreuz, etwa so: # Dann bemalt man fünf Steine in einer Farbe, fünf in einer anderen. Wer mag, kann auch noch Kreuze oder Kreise auf die Steine malen. Sind sie getrocknet, kann's losgehen:

Jeder Spieler bekommt fünf gleiche Steine. Nun legt jeder abwechselnd einen seiner Steine aufs Spielfeld.
Gewonnen hat, wer es schafft, drei seiner Steine in eine Reihe auf den Stoffbeutel zu legen, egal ob horizontal, vertikal oder diagonal. Sind beide Spieler ungefähr gleich gut, gibt's zwar meistens ein Unentschieden – aber das Spielen mit diesem schönen selbstgemachten Set macht trotzdem immer Spaß. Und das Basteln vorher auch!

→ FÜR DRINNEN

Hoppe, hoppe Reiter

Das ist wirklich ein Klassiker, den die allermeisten irgendwann in der Kindheit spielen durften: Das Kind sitzt auf den Knien eines Erwachsenen, der durch Auf- und Abwippen der Knie das Reiten auf einem Pferd darstellt. Dazu wird gesungen:

„Hoppe, hoppe, Reiter!
Wenn er fällt, dann schreit er.
Fällt er in den Graben,
fressen ihn die Raben.
Fällt er in den Sumpf,
macht der Reiter plumps!"

Beim Wort „plumps!" öffnet der Erwachsene die Knie und lässt das Kind bis fast auf den Boden plumpsen (aber nur fast, gell! Man hält es natürlich fest und setzt es dann wieder auf die Knie zurück).

Es gibt auch eine längere Version, die weniger bekannt ist, aber mehr Spaß macht, weil man da länger reiten darf:

„Hoppe, hoppe, Reiter!
Wenn er fällt, dann schreit er.
Fällt er in den Graben,
fressen ihn die Raben.
Fällt er in die Hecken,
fressen ihn die Schnecken.
Fällt er in das grüne Gras,
macht er sich die Hose nass.
Fällt er in das Wasser,
macht er sich noch nasser.
Fällt er auf die Steine,
tun ihm weh die Beine.
Fällt er in den Sumpf,
macht der Reiter plumps!"

ABZÄHLVERS

Eins, zwei, drei, vier, fünf, sechs, sieben,

eine alte Frau kocht Rüben,

eine alte Frau kocht Speck –

und du bist weg!

Ein selbstgemachter Drachen

Wenn der Herbstwind weht, was gibt es dann Tolleres, als einen Drachen steigen zu lassen? Klar: einen selbstgebauten Drachen steigen lassen! Dazu braucht's:
- Zwei schmale Kanthölzer, jeweils einen Meter lang
- Holzring
- Stabile Schnur
- Transparentpapier
- Buntes Krepppapier
- Klebestreifen, Kleber

Eines der Kanthölzer kürzt man auf etwa 80 Zentimeter, dann legt man beide übereinander, sodass das typische Drachenkreuz entsteht. Verbunden werden sie mit einer Schnur, die man mehrmals um den Kreuzungspunkt herumwickelt, bis das Kreuz stabil ist.

In jedes Holzende kommt nun eine kleine Kerbe, in die die Schnur eingelegt wird. Sie umspannt den Drachen, und zwar ruhig so fest, dass sich der Querstab ein bisschen nach hinten biegt.

Dann legt man das Gerüst aufs Transparentpapier und schneidet dieses so zurecht, dass überall etwa fünf Zentimeter Rand überstehen. Der Rand wird um die gespannte Schnur geklappt und verklebt.

Nun dreht man den Drachen um und durchsticht das Papier an zwei Punkten: einmal am Kreuzungspunkt der Hölzer, einmal etwa vier Zentimeter von der unteren Spitze entfernt. Durch die Löcher wird eine Schnur gezogen und ihre Enden auf der Drachenrückseite am Gestell verknotet. Auf der Vorderseite sollte der Faden nicht straff sein, sondern durchhängen.

Packt man die richtige Stelle des Fadens, hängt der Drachen waagerecht im Gleichgewicht. Genau an dieser Stelle knotet man den Holzring fest, und an diesem wiederum die laaaange Schnur, die den Drachen wie eine Leine festhält.

Wer mag, gibt seinem Drachen noch einen Schwanz, eine lange Schnur mit bunten Schleifen aus Krepppapier. Sie wird am unteren Ende des Drachens mit Kleber befestigt. Und vielleicht bekommt der Drachen ja auch noch ein Gesicht aus Krepppapier?

→ **FÜR DRAUSSEN**

Reifentreiben

Wir haben dieses Spiel meistens mit Hula-Hoop-Reifen gespielt, es gehen aber auch alte Fahrradreifen. Beim Reifentreiben muss man den Reifen mit nur einer Hand oder mit einem kleinen Stock von einer Start-linie aus bis über eine Ziellinie treiben. Das hört sich viel einfacher an, als es tatsächlich ist. Damit der Reifen nicht ständig umfällt, sondern gleichmäßig dahin rollt, braucht es einiges an Geschick und Übung.

→ **FÜR DRINNEN**

Wie viele Krähen sitzen?

Das ist ein schnelles, leichtes Ratespiel, das auch schon den Kleineren Spaß macht (sie müssen allerdings bis fünf zählen können). Ein Kind sitzt auf dem Stuhl, ein anderes stellt sich dahinter und legt einen, zwei, drei, vier oder fünf Finger leicht auf den Kopf des Sitzenden. Dann fragt es: „Wie viele Krähen sitzen?"

Der Mitspieler muss dann erraten, wie viele Finger er im Moment auf seinem Kopf spürt. Wenn das Spiel schwieriger werden soll, so kann vorher vereinbart werden, dass beide Hände, also zehn Finger benutzt werden dürfen. Oder vielleicht sogar die Hände mehrerer Kinder, dann wird es ein ganzer Krähenschwarm …

Von diesem Spielzeug gibt es auch eine schwierigere Version, die als „Bilboquet" bekannt und weltweit verbreitet ist: Dabei hat man keinen Becher, sondern einen Stab in der Hand, und die Kugel hat ein größeres Loch, mit dem sie auf dem Stab landen muss.

→ **ZUM BASTELN**

Becherfangspiel

DAS BRAUCHT'S …
- Joghurtbecher
- Große Holzperle mit Loch
- Schnur, etwa 45 cm lang
- Schere

… UND SO GEHT'S
Mit der Schere wird ein Löchlein in den Boden des Joghurtbechers gestochen, gerade groß genug, dass die Schnur durchgefädelt werden kann. Diese wird dann innen fest verknotet, sodass der Faden nicht mehr herausschlüpfen kann. An das andere Ende der Schnur wird die Holzperle geknotet. Am besten macht man dazu vor und hinter der Perle einen dicken Knoten, um sie gut zu fixieren. Schon ist das Spiel fertig: Man hält den Becher in der Hand, untendran baumelt die Kugel an der Schnur. Mit einer schwungvollen Bewegung der Hand lässt man die Kugel nach oben sausen und muss dann möglichst schnell versuchen, sie mit dem Becher einzufangen.

RÄTSEL

Es wächst im Gärtlein,

hat grüne Röhrlein,

hat viele Häute,

beißt alle Leute.

— Die Zwiebel

Stille Post *auch bekannt als: Flüsterpost*

Je mehr mitmachen, desto lustiger wird's. Alle Teilnehmer setzen sich in eine Reihe oder in einen Kreis. Das erste Kind denkt sich einen Satz aus und flüstert ihn seinem Nachbarn möglichst leise ins Ohr, sodass niemand anderes etwas hören kann. Der Satz sollte nicht ganz kurz sein, zum Beispiel: „Mein Opa isst am liebsten Mohnstrudel mit Vanillesoße."

Der Nachbar muss dann den Satz genau so, wie er ihn verstanden hat, wiederum seinem Nachbarn ins Ohr flüsern, und so weiter. Wichtig: Nachfragen sind nicht erlaubt! Wenn man etwas Merkwürdiges gehört hat, dann ist das halt so, und so gibt man's weiter …

Ist der Satz beim letzten Kind angekommen, muss es laut sagen, was es verstanden hat. Meistens ist vom ursprünglichen Satz dann nicht mehr viel übrig und es entstehen viele lustige Verwechslungen.

→ ZUM BASTELN

Ausgehöhlter Kürbis

DAS BRAUCHT'S …
- Großer Kürbis
- Messer
- Esslöffel
- Stift

… UND SO GEHT'S

Mit dem Messer schneidet man zuerst den Deckel vom Kürbis. Damit er später gut aufliegt und nicht seitlich verrutschen kann, sollte man das Messer dazu nicht waagerecht, sondern schräg ansetzen: Der Griff liegt etwas höher, die Messerspitze tiefer. Der Stiel sollte dranbleiben, denn dann hat der Deckel gleich einen praktischen Griff, wenn man später die Kerzen auswechselt.

Jetzt entfernt man mit einem Löffel die Kerne und Fasern aus dem Inneren des Kürbisses.

Wenn die Oberfläche nicht allzu rau ist, kann man vor dem Schneiden das gewünschte Motiv auf dem Kürbis vormalen. In den letzten Jahrzehnten, seit sich Halloween in Europa verbreitet hat, sind das zwar meistens Gruselgesichter – aber man kann auch jedes andere schöne Motiv oder Muster wählen. Vorausgesetzt, es lässt sich gut schnitzen, denn das ist der nächste Schritt: mit dem Messer das gewünschte Motiv aus der Kürbisschale herausschneiden. Wer besonders kunstfertig ist, kann dabei sogar Schattierungen zaubern: Fährt man mit dem Messer nicht ganz tief hinein, sondern lässt noch eine dünne Schicht Fruchtfleisch stehen, dann leuchtet diese Stelle später sanft. Am Ende kommt eine Kerze hinein, und man hat am Abend eine wundervolle Kürbislaterne! Der geschnitzte Kürbis hält übrigens länger, wenn man ihn innen mit Essig ausspült und außen mit Haarspray einsprüht.

→ FÜR DRAUSSEN

Zeitungslauf

Für dieses Spiel braucht man nur zwei Zeitungen und etwas Platz zum Laufen. Zuerst werden eine Startlinie und ein Wendepunkt (zum Beispiel mit einem Stuhl) markiert. Dann bildet man zwei gleich große Mannschaften. Diese stellen sich in zwei Reihen hintereinander an der Startlinie auf. Die beiden ersten Läufer bekommen eine Zeitung, die sie zwischen ihre Knie oder Oberschenkel klemmen müssen. Nun geht es darum, möglichst schnell zum Wendepunkt und zurück zu laufen, ohne dabei die Zeitung zu verlieren. Sobald der erste Läufer wieder an der Startlinie angekommen ist, muss er die Zeitung dem zweiten Läufer übergeben und so weiter. Wenn ein Läufer die Zeitung auf dem Weg verliert, muss er an die Startlinie zurück und von Neuem beginnen.

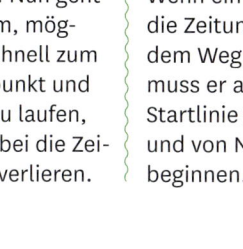

→ FÜR DRINNEN

Spiegelbild

Zwei Kinder stellen sich einander gegenüber und vereinbaren, wer von beiden der „Spiegel" ist. Das Spiegel-Kind muss nun alle Bewegungen des anderen Kindes nachmachen, spiegelbildlich natürlich. Zum Beispiel kann das Kind sich an die Nase fassen, sich einmal um die eigene Achse drehen, die Arme verschränken oder eine Grimasse schneiden. Nach ein paar Runden werden dann die Rollen getauscht. Ist das vorgebende Kind gnädig, dann bewegt es sich langsam – aber viel lustiger ist es natürlich, so schnell immer neuen Quatsch zu machen, dass der Spiegel kaum hinterherkommt…

In meinem kleinen Apfel, da sieht es lustig aus:

Es sind darin fünf Stübchen, grad wie in einem Haus.

In jedem zwei Kerlchen schwarz und fein,

die träumen vom lieben Sonnenschein.

Sie träumen noch weiter den gar schönen Traum,

wie sie einst hängen am Weihnachtsbaum.

Mareatschen

... je nach Gegend sagt man's auch mit „o" vorne: Moreatschen

Dieses Spiel für zwei kennt heute kaum noch jemand. Gespielt wird es mit bayerischen Spielkarten, aber ohne die 6er, man braucht also nur 32 Karten. Ihre Rangfolge ist nicht ganz die gewohnte: Die höchsten Karten sind zwar die Asse, aber dann folgen die 10er, erst danach kommen Könige, Ober, Unter, dann die 9er, 8er und 7er.

Jeder Spieler erhält sechs Karten, der Rest kommt auf den Ziehstapel, der in der Mitte liegt. Wie immer geht's ums Stechen: Ein Spieler legt eine Karte raus, der Gegner versucht sie zu stechen, das heißt, eine höhere Karte derselben Farbe zu legen. Wer den Stich macht, nimmt beide Karten zu sich und legt sie beiseite. Danach zieht jeder eine Karte, und wer gerade den Stich gemacht hat, spielt die nächste Karte aus .

Punkte kann man nur auf drei Arten bekommen, erstens: Jedes Ass und jeder 10er, den man am Schluss im gestochenen Stapel hat, gibt zehn Punkte.

Zweitens bilden König und Ober derselben Farbe ein Paar. Wer ein solches auf der Hand hat, zeigt es her und bekommt dafür 20 Punkte. Ist es das erste Paar der Runde, sind es sogar 40 Punkte, und die Farbe gilt nun als Trumpf, das bedeutet: Ab sofort stechen alle Karten dieser Farbe, auch wenn ihr Wert kleiner ist als die gegnerische Karte.
Ist der Ziehstapel leer, muss man „farben", das bedeutet: Der Zweite muss eine Karte derselben Farbe legen wie der Erste. Nur wenn er die nicht hat, darf er eine andere Farbe legen.

Die dritte Möglichkeit zu punkten: Wer den letzten Stich macht, bekommt zehn Punkte zusätzlich.
Derjenige Spieler, der am Ende die meisten Punkte hat, hat verloren.

Hihi, kleiner Spaß ... der hat natürlich gewonnen!

→ FÜR DRAUSSEN

Katz und Maus

Ein Kind ist die Maus, ein anderes die Katze. Die übrigen Kinder stellen sich zu einem großen Kreis auf und fassen sich an den Händen. Die Maus sitzt im Inneren des Kreises. Die Katze schleicht außen herum, denn sie darf den Kreis nie betreten. Wenn die Katze ruft: „Maus, Maus, komm heraus, sonst kratz ich dir die Augen aus!", muss die Maus den Kreis verlassen – natürlich möglichst so, dass die Katze sie nicht fangen kann. Das Mäuslein darf zwar immer wieder Schutz im Kreis suchen, aber nur, wenn die Kinder ihre Arme heben, sodass die Maus hindurchschlüpfen kann. Wie lange die Maus dazu draußen gewesen sein muss und ab wann die Ringkinder so gnädig sind, ihr die Flucht zu ermöglichen, entscheiden die Ringkinder. Fängt die Katze die Maus, werden die Rollen getauscht oder zwei andere Kinder sind an der Reihe.

→ FÜR DRINNEN

Schattenspiele

Zwei Dinge sind dafür nötig: Erstens ein starkes Licht, zum Beispiel eine Schreibtischlampe. Und zweitens eine Projektionsfläche, also entweder eine weiße Wand oder aber ein weißes Tuch, etwa ein Bettlaken, das an einer Leine aufgehängt wird.

Zum Spielen schaltet man das Deckenlicht im Zimmer aus. Wenn es nicht dunkel genug ist, kann man noch die Vorhänge zuziehen. Ein Kind streckt seine Hände zwischen Lampe und Wand und formt verschiedene Motive, die als Schatten an die Wand geworfen werden. Die anderen Kinder müssen raten, was das nun genau sein könnte. Wer mag, kann sich auch eine kleine Geschichte ausdenken und ein Schattenspiel aufführen. Letzteres ist besonders mit dem Bettlaken toll, denn so können Darsteller und Publikum auf verschiedenen Seiten der Leinwand sitzen, wie in einem Theater. Wenn übrigens zwei Lampen aus verschiedenen Richtungen an die Wand strahlen, gibt es gleich mehrere Schatten auf einmal.

→ ZUM BASTELN

Walnuss-Kastagnetten

DAS BRAUCHT'S ...
- Pappstreifen, etwa 4 cm breit und 12 cm lang
- Die Hälften von zwei Walnussschalen
- Kleber
- Wolle

... UND SO GEHT'S

Der Pappstreifen wird in der Mitte gefaltet: Er ist das Scharnier, das die beiden Walnusshälften zusammenhält. Dazu klebt man sie so an die Enden des Pappstreifens, dass die Schalen genau aufeinandertreffen, wenn man den Pappstreifen mit Daumen und Zeigefinger zusammendrückt. Schon kann losgeklappert werden! Wer möchte, kann sich noch Fingerschlaufen dazu basteln: Auf beiden Seiten der Pappe sticht man zwei kleine Löcher und fädelt ein Stück Wolle hindurch. Es sollte eine Schlaufe bilden, die gerade groß genug ist, dass der Daumen oder der Zeigefinger durchpasst. Dann werden die Fäden verknotet.

(Angeblich heißen Kastagnetten so, weil sie so ähnlich aussehen wie Kastanien. Ob das stimmt?)

REIM

Heile, heile, Segen,

drei Tage Regen,

drei Tage Schnee,

dann tut's nicht mehr weh!

Reise nach Jerusalem

Für dieses Spiel braucht man Stühle, und zwar einen weniger, als Kinder mitspielen. Die Stühle stehen im Kreis, Sitzflächen nach außen – oder in zwei Reihen, Lehne an Lehne.

Der Spielleiter schaltet Musik ein, und alle Spieler laufen um den Stuhlkreis herum. Nach einiger Zeit stoppt plötzlich die Musik. Dann muss jeder Kind blitz-schnell versuchen, sich auf einen der freien Stühle zu setzen. Da genau ein Stuhl zu wenig aufgestellt ist, findet ein Mitspieler keinen Platz mehr und scheidet aus.

Bevor die Musik wieder weitergeht, wird ein Stuhl aus dem Kreis genommen, sodass wieder einer zu we-nig da ist. So geht es weiter, bis am Ende nur noch zwei Spieler um einen Stuhl kämpfen. Wer ihn erobert, hat gewonnen.

Der Spielleiter darf natür-lich nicht zuschauen, wer gerade an der Sitzfläche vorbeiläuft, sonst könnte er die Musik ja absichtlich so ausschalten, dass jemand Bestimmtes gewinnt.

Es gibt eine Variante des Spiels, da muss niemand traurig sein, denn niemand verliert: Wenn die Musik stoppt, müssen alle Spieler Platz nehmen, aber das kann auch auf jemandes Schoß oder auf der Stuhllehne sein. Nach jedem Mal kommt ein Stuhl weg. Je weniger Sitz-gelegenheiten im Spiel sind, desto kniffliger wird's, dass alle neben- und aufeinander einen Sitzplatz finden. Da braucht man Kreativität und ein gutes Gleichgewicht!

→ **FÜR DRAUSSEN**

Steine übers Wasser hüpfen lassen *auch flitschen, ditschen, blatteln …*

Ein Stein, der übers Wasser hüpft, wie soll denn das gehen? Es braucht schon etwas Übung, aber mit gut ausgewählten Steinen und der richtigen Technik wird es irgendwann klappen.

Am Ufer oder am besten auf einer Kiesbank sucht man sich einen ovalen oder kreisrunden, vor allem aber möglichst flachen Stein. Auch gut ist einer, der eine leichte Einwölbung hat wie ein Suppenteller. Man hält ihn so zwischen Daumen und Zeigefinger, dass die flachere Seite (oder, falls vorhanden, die Einwölbung) auf der unteren Seite ist und beim Werfen schließlich auf der Wasseroberfläche landet.

Zum Abwurf muss man tief in die Hocke gehen, denn der Stein soll ganz flach und nur knapp über dem Wasser entlangfliegen. Nun kommt der Dreh: Der Stein sollte sich während des Fluges schnell um seine Achse drehen wie eine Frisbeescheibe. Dazu hält man ihn waagerecht zwischen Daumen und Zeigefinger und gibt ihm beim Abwurf einen kräftigen Drall mit dem Zeigefinger mit. Wenn man es richtig macht, wird der Stein ein paar Hüpfer auf dem Wasser machen, ehe er versinkt.

Wenn es nicht gleich klappt, vielleicht mal andere, schwerere oder glattere Steine aussuchen. Und immer weiter probieren …

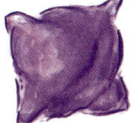

→ **FÜR DRINNEN**

Topfschlagen

Topfschlagen ist besonders auf Kindergeburtstagen beliebt! Ein Kind wird ausgewählt und bekommt erst die Augen mit einem Schal verbunden, dann einen Kochlöffel in die Hand. So wird es ein paar Mal im Kreis gedreht, damit es ein bisschen die Orientierung verliert. In dieser Zeit legen die anderen Kinder einen umgedrehten Kochtopf auf den Boden. Unter dem Topf liegt eine kleine Belohnung, zum Beispiel eine Süßigkeit. Das Kind mit den verbundenen Augen sucht nun auf allen Vieren mit dem Kochlöffel den Raum ab, klappert auf den Boden und gegen die Möbel. Die anderen Kinder helfen ihm bei der Suche, indem sie ihm „kalt", „wärmer" oder „heiß!" zurufen, wobei die Temperatur steigt, je näher das Kind dem Topf kommt. Hat es ihn gefunden und schlägt mit dem Kochlöffel drauf, darf es den Schal von den Augen nehmen und bekommt die Belohnung. Danach beginnt eine neue Runde.

→ **ZUM BASTELN**

Blätter-Girlanden

DAS BRAUCHT'S …
- Gepresste, bunte Blätter
- Faden
- Nadel

… UND SO GEHT'S

Ganz einfach: Die Blätter werden mit einer Nadel auf einen Faden aufgefädelt. Eine Schwierigkeit besteht darin, sie schön auf Abstand zu halten: Das geht am besten mit kleinen Knoten. Zusätzlich kann man auch noch Beeren, kleine Äste oder Nüsse mit an die Girlande binden, dann wird es richtig schön herbstlich! Gepresst sollten die Blätter sein, wenn die Girlande länger als ein, zwei Tage hängenbleiben soll, denn frische Blätter rollen sich mit der Zeit ein.

Sankt-Martins-Laterne

Endlich ist wieder die Zeit für den Sankt-Martins-Umzug! Für eine selbstgemachte Laterne kann man sich im Bastelladen zum Beispiel dies besorgen:

- Weißes Pergamentpapier
- Buntes Transparentpapier
- Bastelkarton
- Laternenbügel, Laternenhalter
- Teelicht im Förmchen

Auf dem Karton wird ein etwa 15 Zentimeter großer Kreis gezeichnet, als Laternenboden. Um den Kreis herum werden Zacken gemalt. Dann wird der Kreis einschließlich Zacken ausgeschnitten, die Zacken biegt man nach oben. In der Mitte wird das Teelichtförmchen befestigt.

Der Laternendeckel wird genauso hergestellt, nur dass in den großen Kreis noch ein kleinerer Kreis hineingeschnitten wird, etwa zwölf Zentimeter groß. In den stehenbleibenden Ring werden mit dem Bleistift zwei kleine Löcher gestochen, da kommt später die Halterung dran.

Für den Körper der Laterne braucht man ein 50 mal 20 Zentimeter großes Stück Pergamentpapier. Bevor man daraus die Seitenwand der Laterne rollt, kann man jedes beliebige Motiv oder Ornament aus zugeschnittenem Transparentpapier draufkleben. Dann werden die Zacken des Bodens und Deckels mit Klebstoff bestrichen und die Seitenwand daran befestigt. Schließlich wird der Laternenbügel in den beiden kleinen Löchern im Deckel eingehakt und an den Haltestab gehängt. Jetzt endlich kann man das Kerzlein anzünden, und los geht's zum Laternenumzug!

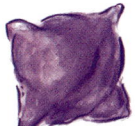

→ FÜR DRAUSSEN

Ein Hut, ein Stock, ein Regenschirm

Ist das laaangweilig, mit den Eltern spazieren zu gehen! Als Kinder haben wir uns mit diesem Schritt-Spiel bei Laune gehalten, damit lassen sich weite Strecken zurückgelegen. Immer wenn der linke Fuß nach vorne geht, zählt man im Takt mit:

> *„Und eins,*
> *und zwei,*
> *und drei,*
> *und vier,*
> *und fünf,*
> *und sechs,*
> *und sie-ben!*

Die „sie-ben" sind zwei Schritte.

Dann geht's weiter mit:

> *Ein Hut,*
> *ein Stock,*
> *ein Re-gen-schirm.*"

Der „Re-gen-schirm" sind drei Schritte: links – rechts – links. (Manche sagen an dieser Stelle auch „ein Damen-unterrock" …)

Dann bleibt man stehen:

> *„Und vorwärts,*
> *rückwärts,*
> *seitwärts,*
> *ran!"*

Dabei wird mit der linke Fuß erst nach vorne getippt, dann nach hinten, dann zur Seite, dann wird der Fuß wieder neben den anderen gestellt – und sofort beginnt das Ganze von vorne:

> *„Und eins …"*

→ FÜR DRINNEN

Federpusten

Hier müssen alle gut zusammen helfen, damit es klappt! Die Spieler sitzen auf dem Boden und sollten ganz eng zusammenrücken. Dann hält man eine kleine Feder über ihre Köpfe und lässt sie los. Nun müssen alle kräftig pusten, damit die Feder in der Luft bleibt und nicht gefährlich nahe Richtung Boden schwebt. Denn wenn sie landet, hat die Gruppe verloren. Aufstehen ist übrigens nicht erlaubt, auf dem Boden Herumrobben hingegen sehr wohl …

→ ZUM BASTELN

Düftesuchspiel

DAS BRAUCHT'S …
- Viele gleiche kleine Döschen (zum Beispiel leere Cremedosen, die gibt's günstig im Kosmetikladen oder in der Apotheke)
- Zwei Stücke Zitronenschalen
- Kaffeepulver
- Frische Erde
- Vanilleschote
- Zimt
- Waschpulver
- Pfefferminzblätter
- Zwei Stücke Apfel
- Frische Baumrinde
- … und was sonst alles noch einen typischen Duft hat

… UND SO GEHT'S
Je zwei Döschen werden mit dem gleichen duftenden Inhalt befüllt. Dann werden sie verschlossen, durcheinander gemischt und auf den Tisch gestellt.
Das Spiel selbst funktioniert wie ein Bildpaar-Suchspiel, bloß mit der Nase: Wer an der Reihe ist, wählt zwei der Dosen aus, öffnet die Deckel, schnuppert daran, ohne reinzuschauen, und lässt dann auch alle anderen Spieler daran schnuppern. Sind es zwei gleiche Düfte, darf er die Dosen behalten und ist nochmal dran. Sind es verschiedene, werden die Dosen zurückgestellt und der nächste Spieler ist an der Reihe. Gewonnen hat, bei wem am Ende die meisten Dosen stehen.

ENDLOSER REIM

Ein Mops kam in die Küche

und stahl dem Koch ein Ei.

Da nahm der Koch den Löffel

und schlug den Mops zu Brei.

Da kamen viele Möpse

und gruben ihm ein Grab.

Und setzten drauf 'nen Grabstein,

worauf geschrieben stand:

Ein Mops kam in die Küche …

Misthaufen fahren

Dieses Spiel wird meistens zu zweit gespielt, aber es geht auch mit mehreren. Zur Vorbereitung werden 20 Kringel auf ein Blatt Papier gemalt, möglichst verstreut. Dann werden sie durchnummeriert, wild durcheinander, von eins bis 20. Die Kreise sind die Misthaufen. Jeder Spieler nimmt einen Stift mit einer anderen Farbe.

Der erste Spieler fährt mit seinem Stift von Misthaufen eins zu Misthaufen zwei, und zwar ohne abzusetzen. Ist er dort angekommen, darf er den Misthaufen in seiner Farbe ausmalen. Nun ist der Gegner dran: Er fährt von der Zwei zur Drei und malt diesen Kreis mit seiner Farbe aus. So geht es abwechselnd weiter. Aber Vorsicht: Es dürfen keine bereits vorhandenen Linien gekreuzt oder auch nur berührt werden! Wer eine Linie durchkreuzt, bekommt einen Strafpunkt.

Jeder Spieler darf zwar beliebig oft durch seine eigenen Misthaufen fahren, aber nicht durch die Haufen mit der Farbe des Gegners, sonst gibt es einen Strafpunkt. Der Misthaufen Nummer Eins gehört niemandem, hier darf jeder durch.

Wenn Misthaufen Nummer 20 erreicht ist, werden die Strafpunkte gezählt, und wer die wenigsten hat, ist Sieger.

Wenn es schwieriger werden soll, spielt man einfach mit 30 oder 40 Misthaufen. Dann wird's zum Schluss hin schon arg eng, weil man ja keine Linien berühren darf.

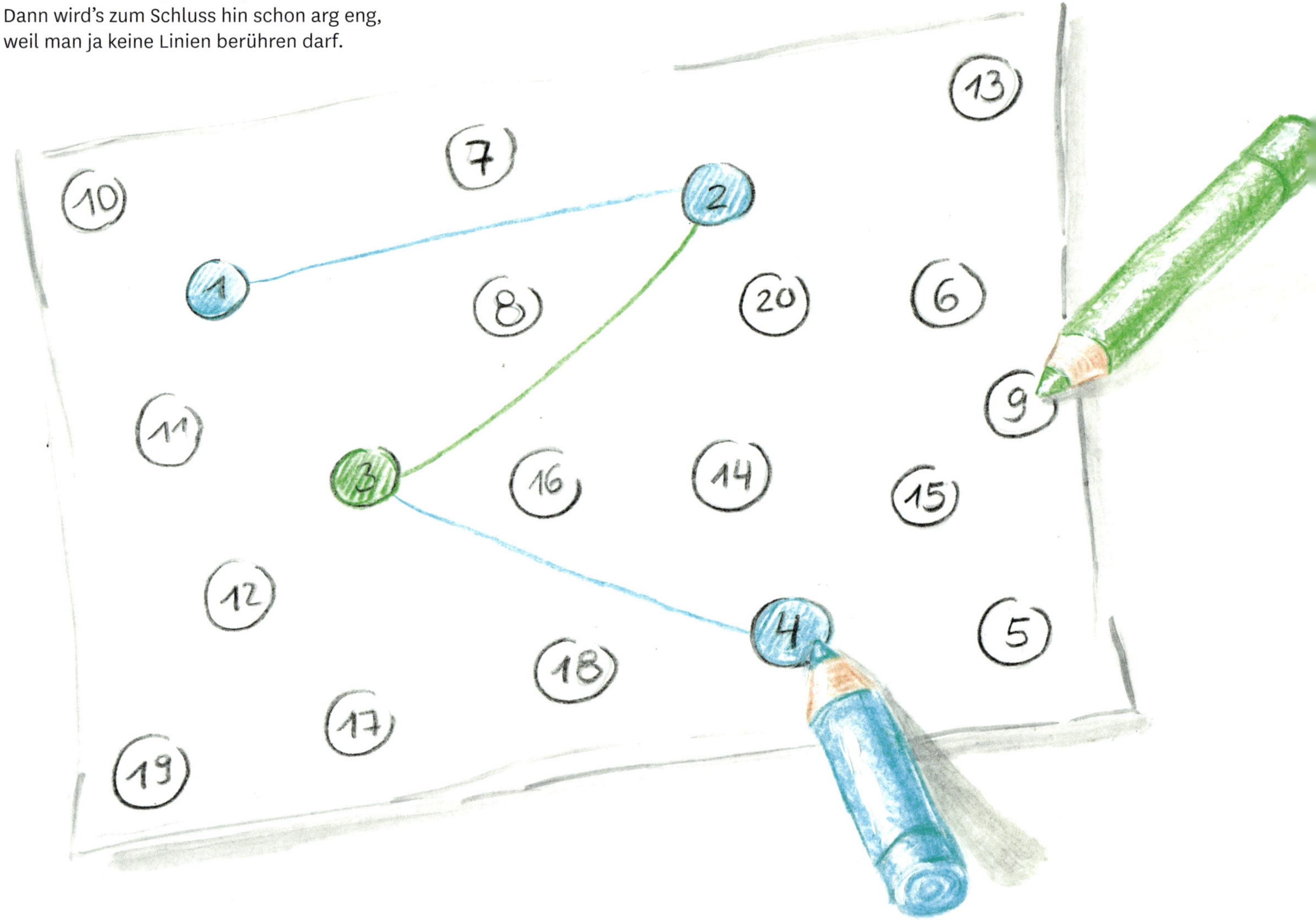

→ FÜR DRAUSSEN
Stoppball

Am Anfang stehen alle Spieler möglichst nah beisammen. Wer ganz in der Mitte steht, wird der Werfer und bekommt den Ball. Er schleudert ihn senkrecht in die Luft, so hoch er kann. Solange der Ball in der Luft ist, laufen die anderen Kinder schnell und möglichst weit vom Werfer weg (deswegen sollte man für dieses Spiel einen Ort wählen, um den herum viel Platz ist). Fängt der Werfer den Ball wieder, ruft er laut: „Stopp!" Dann müssen die anderen Kinder sofort stehen bleiben. Der Werfer schaut, welcher Mitspieler ihm am nächsten steht – diesen versucht er jetzt abzuschießen und fragt ihn: „Wie soll ich schießen?" Das Opfer hat die Wahl aus drei Möglichkeiten: Wenn es „Gummi" antwortet, dann darf es zwar versuchen, mit dem Körper dem Ball auszuweichen, aber die Füße müssen dabei fest am Boden bleiben. Wer „Korb" wählt, muss aus den Armen einen waagerechten Ring vor der Brust formen. Versenkt der Werfer den Ball darin, gilt es als Treffer. Besonders Mutige antworten „scharf" und müssen dann reglos stehenbleiben, während der Werfer schießt. Nach dem Schuss versammeln sich wieder alle, und es geht von vorne los. Dabei gilt: Wer abgeschossen wird, bekommt vom Werfer den Namen einer Wurstsorte verpasst. Wer zum zweiten Mal abgeschossen wird, hat verloren und wird der neue Werfer.

→ FÜR DRINNEN
Armer schwarzer Kater

Alle Kinder sitzen zusammen im Kreis. Eines wird zum „armen schwarzen Kater" ernannt und geht in die Mitte. Von dort krabbelt es nun auf allen Vieren zu einem der Kinder und miaut es jämmerlich an. Das besuchte Kind muss den Kater trösten, ihm über den Kopf streicheln und dabei die Worte „Armer schwarzer Kater!" sagen.

Mit lautem Miauen und lustigen Grimassen versucht der Kater dabei, das Kind zum Lachen zu bringen. Schafft er das, so wird dieses Kind der nächste schwarze Kater. Gelingt es dem Kind hingegen, ganz ernst zu bleiben, so muss der arme schwarze Kater weiterziehen und sich ein anderes Kind suchen, dem er ein Lachen entlocken kann.

→ ZUM BASTELN
Vogelfutter

DAS BRAUCHT'S …
- 200 Gramm Kokosfett
- Ausstechförmchen
- Getreide und Kerne (Hirsesamen, Sonnenblumenkerne, Haferflocken, Mohn, Kleie, Rosinen …)
- Alufolie
- Topf und Ofenblech
- Stoffband

… UND SO GEHT'S
Das Kokosfett im Topf erwärmen, bis es flüssig ist. Derweil ein Blech mit Alufolie auslegen und darauf verschiedene Ausstechförmchen verteilen. In diese kommen nun die Samen, Kerne, Rosinen … Außerdem wird ein Stoffband so hineingelegt, dass es ein gutes Stück über den Förmchenrand hinausragt. (Das Band dient später zum Aufhängen.) Jetzt das flüssige Fett in die Förmchen hinzugießen und abkühlen lassen. Die erkalteten Figuren aus der Form lösen und im Garten aufhängen.

Ich und du, Müllers Kuh, Müllers Esel, der bist du!

Klapptiere und Faltgeschichten

Alle Spieler sitzen am Tisch, mit einem Blatt Papier und einem Stift. Es beginnt damit, dass jeder den Kopf eines Tieres (oder eines Fabelwesens) aufs obere Viertel des Papiers zeichnet. Aber geheim! Keiner darf sehen, was der andere malt, sonst ist die Überraschung weg.

Ist der Kopf fertig, wird er nach hinten weggefaltet, gerade so, dass nur noch der Ansatz des Halses zu sehen ist. Dann gibt jeder sein Blatt an den Nachbarn weiter, bekommt also zugleich ein fremdes Blatt mit einem Halsansatz. Daran fügt nun jeder einen Oberkörper an, faltet erneut und gibt weiter. Es folgen der Unterkörper und die Beine. Nach dem letzten Weiterreichen werden die Zeichungen entfaltet, eine nach der anderen, und dann die lustigen Ergebnisse bestaunt.

Anstatt Tiere zu malen, kann man auch eine Geschichte zusammen erzählen:
Jeder denkt sich zwei Sätze aus und schreibt sie oben aufs Papier. Wichtig ist, die Sätze untereinander zu schreiben, denn jetzt wird der erste Satz nach hinten umgeknickt, sodass nur noch der zweite Satz zu lesen ist. Dann wird weitergereicht wie gehabt.

Der Nachbar ergänzt zwei Sätze, die zum Satz des Vorgängers passen, und faltet wiederum so, dass nur noch der letzte Satz zu sehen ist. So wandern alle Papiere reihum, bis jeder auf jedes seine zwei Sätze geschrieben hat. Am Ende werden die Geschichten laut vorgelesen. Meistens kommt dabei was ziemlich Verrücktes raus!

→ FÜR DRINNEN
Empompi Kolonie

Bei diesem Klatschspiel stehen oder sitzen sich zwei gegenüber, sodass sie einander bequem in die Hände klatschen können. Gesungen wird folgender Text:

„Empompie, Kolonie, Kolonastik, Empompi, Kolonie, Akademie, Safari, Akademie, Puff puff!"

Dabei klatscht man bei jeder Silbe. Je schneller das Ganze wird, desto schwieriger ist es natürlich, aber desto lustiger auch …

Und so wird geklatscht:

Em	in die eigenen Hände
pom	mit der rechten Hand in die rechte Hand des Partners
pi	in die eigenen Hände
Ko	mit der linken Hand in die linke Hand des Partners
lo	eigene Hände
nie	die Arme überkreuzen und auf die eigenen Schultern
Ko	eigene Hände
lo	beide rechten Hände
nas	beide linken Hände
tik	eigene Hände

Em	mit beiden Händen in beide Hände des Partners
pom	eigene Schultern
pi	mit beiden Händen auf die eigenen Oberschenkel
Ko	beide Hände zum Partner
lo	eigene Schultern
nie	eigene Oberschenkel

(Diese Dreiersequenz wurde also wiederholt)

A	beide Hände zum Partner
ka	eigene Oberschenkel
de	eigene Hände
mie	eigene Schultern
Sa	beide rechten Hände
fa	eigene Hände
ri	beide linken Hände
A	eigene Hände
ka	eigene Oberschenkel
de	beide Hände zum Partner
mie	eigene Hände
Puff	rechte Hand bildet eine Pistole, deutet auf Partner
puff	links das Gleiche

→ FÜR DRAUSSEN
Zielschussern

Ein Spieler schießt von der Startlinie aus eine besonders große Murmel beliebig weit: Sie wird das Ziel. Nun versuchen alle der Reihe nach, die Zielmurmel mit ihrer eigenen Murmel zu treffen oder möglichst nah heranzukommen. Wer trifft oder am nächsten an die große Murmel kommt, hat gewonnen und darf alle Murmeln, mit denen gezielt wurde, einsammeln und behalten. Sind zwei Murmeln gleich weit entfernt, kommt es zu einem Stechen zwischen den beiden Spielern.

→ ZUM BASTELN
Blattmuster drucken

DAS BRAUCHT'S …
- Verschiedene frische Laubblätter
- Papier
- Bunte Acryl- oder Wasserfarben
- Pinsel

… UND SO GEHT'S
Die gesammelten Blätter werden auf ihrer Rückseite (auf der die Blattadern gut zu sehen sind) mit Farbe bepinselt. Die Farbe sollte sehr dick angerührt sein, damit sie später auf dem Papier nicht verläuft. Dann wird das Blatt vorsichtig auf das Papier gelegt und einmal festgedrückt. So überträgt sich die Blattstruktur auf das Papier und ergibt ein schönes Muster. Auf diese Art kann man viele bunte Blattmotive drucken.

Krippenfiguren aus Korken

Der Advent beginnt! Damit die Zeit bis Weihnachten nicht zu lang wird, gibt es jede Menge zu basteln. Für ein Ensemble aus Maria und Josef, dem Jesuskind und einem Engel benötigt man zum Beispiel:

- Korken
- Zahnstocher
- Holzkugeln (ähnlich groß wie der Durchmesser der Korken)
- Wollreste
- Tortenspitze (also das Dekopapier, das man unter Torten legt)
- Filz
- Feine Stifte
- Acrylfarben
- Kleber
- Schere

Für Maria und Josef nimmt man sich zwei Korken und malt sie an. Einen Zahnstocher schneidet man in kleine Stücke und steckt diese als Arme in die Korken. Auf zwei Holzkugeln malt man Gesichter und klebt eine Frisur aus Wolle darauf. Die Köpfe steckt man nun entweder mit Hilfe eines Zahnstochers auf den Korken oder klebt sie direkt drauf. Aus Filz wird nun noch je ein Umhang geschneidert, und vielleicht bekommt Josef ja noch einen Schnurgürtel.

Die Wiege des Jesuskindes ist ein längs halbierter Korken. In die gewölbte Seite steckt man vier Zahnstocherteile, sodass die Krippe stehen kann. Vom Jesuskind selbst schaut nur das Köpfchen aus der Wiege. Dazu malt man ein Gesicht auf eine Holzkugel und befestigt sie auf der Krippe. Dann deckt man das Kind noch mit einem Filzdeckchen zu.

Für den Engel bemalt man einen Korken ganz weiß und befestigt wie gehabt einen Kopf mit aufgemaltem Gesicht und Wollhaaren. Aus dem Tortenspitzenpapier kann man nun noch Flügel ausschneiden und sie an den Korken kleben.

Früher war es gebräuchlich, die Krippe schon am ersten Adventssonntag aufzubauen, allerdings ohne schon Stroh hineinzulegen. Denn die Krippe bis Weihnachten zu füllen, war die Aufgabe der Kinder. Wenn ein Kind eine gute Tat vollbracht hatte, zum Beispiel freiwillig im Haushalt half oder eine gute Note in der Schule bekam, durfte es einen Strohhalm in die Krippe legen.

→ FÜR DRINNEN

Schuhpaare ertasten

Alle Kinder sitzen zusammen im Kreis. Zwei Spieler werden ausgewählt, die sich in die Mitte setzen. Ihnen werden die Augen mit einem Schal verbunden. Dann ziehen alle anderen Kinder ihre Schuhe aus und legen sie wild durcheinander gemischt in die Mitte.
Die Aufgabe der beiden Kinder mit verbundenen Augen ist nun, die

Schuhe durch Tasten und Fühlen wieder zu Paaren zusammenzustellen. Wer die meisten richtigen Schuhpaare findet, hat gewonnen.
Natürlich spielt man dieses Spiel nur mit Hausschuhen, jedenfalls jetzt im Spätherbst. Die Straßenschuhe und Stiefel sind um diese Jahreszeit schließlich viel zu dreckig ...

→ FÜR DRAUSSEN

Ochs am langen Berg

Ein Spieler ist der Ochse, alle anderen stellen sich, ein paar Meter von ihm entfernt, nebeneinander in einer Reihe auf. Das Spiel beginnt, indem der Ochse der Gruppe den Rücken zudreht. Er ruft dabei: „Ochs am langen, langen, langen ... Berg!" Das Wort „langen" kann er so oft wiederholen, wie er möchte. Solange er das

tut, dürfen die anderen Spieler losgehen oder auch losrennen, bis sie „Berg!" hören. Denn mit diesem Wort dreht sich der Ochse blitzschnell um, und schickt jeden, den er noch in Bewegung sieht, zurück auf seine Startposition. Darum ist es gar nicht so leicht zu entscheiden, wie schnell man sich dem Ochsen nähern soll: Wer rennt,

ist natürlich schneller als ein Mitspieler, der nur geht – hat aber dann Schwierigkeiten, schnell genug zu bremsen, wenn der Ochse „Berg!" ruft. Manchmal ist es klüger, sich ihm in kleinen Schritten zu nähern. Wer als Erster den Ochsen erreicht, hat gewonnen und wird damit in der nächsten Runde der Ochse.

→ ZUM BASTELN

Adventskranz schmücken

DAS BRAUCHT'S ...

- einen gebundenen Adventskranz
- vier Kerzen
- Steckdraht
- Dekoration nach Lust und Laune: Zimtstangen, Kiefernzapfen, Strohsterne, Nüsse, Bänder, Schleifen ...
- Zwickzange
- Kleber

... UND SO GEHT'S

Der Steckdraht wird in zwölf gleich lange Stücke gezwickt, etwa 8 Zentimeter lang. Je vier davon werden in den Boden jeder Kerze gesteckt. Das geht leichter, wenn man die Drähte vorher an

einer Kerzenflamme erhitzt – hierbei sollte man kleineren Kindern helfen. Nun kann man die Kerzen fest in den Adventskranz hineindrücken, sodass sie einen guten Stand haben.
Dann geht's ans Schmücken: Größere Dekostücke wie Orangenschalen, Zimtstangen, Tannenzapfen oder Nüsse lassen sich am besten mit Kleber anbringen. Strohsterne kann man einfach zwischen die Zweige stecken und Schleifen um den Kranz binden. Und immer schauen, dass Bänder und Strohsterne weit genug von den Flammen weg sind!

REIM

*Ich kenn 'nen Witz
vom Onkel Fritz,*

*den darf ich
nicht verraten,*

*sonst kommen
die Piraten*

*und schießen
mit Tomaten.*

*Tomaten sind zu rot,
drum schießen sie mit Brot.*

*Brot ist viel zu teuer, drum
schießen sie mit Feuer.*

*Feuer ist zu heiß, drum
schießen sie mit Eis.*

*Eis ist viel zu kalt,
drum gehn sie in den Wald.*

*Der Wald ist viel zu eng,
da macht die Hose ...*

„Peng!"

Schneesturm im Wasserglas

Weihnachten rückt näher, aber es will einfach nicht schneien? Dann machen wir uns das Schneegestöber eben selbst! Zum Beispiel mit diesen Utensilien:

- Ein leeres Marmeladen- oder Gurkenglas mit Deckel
- Wasserfester Kleber
- Eine kleine, wasserfeste Figur
- Wasser (am besten destilliertes)
- Pailletten, Streuglitzer oder Kunstschnee
- Einen Tropfen Spülmittel

Zuerst müssen das Glas und der Deckel gut gereinigt werden. Auf die Innenseite des Deckels wird die Figur aufgeklebt. Üblicherweise ist das ein Schneemann oder ein Nikolaus, aber warum nicht auch eine völlig verrückte Spielzeugfigur? Nur wasserfest sollte sie sein, damit sie sich später nicht auflöst. Das gilt auch für den Kleber, der jetzt gut trocknen muss. In der Zwischenzeit wird das Glas mit Kunstschnee, Streuglitzer oder Pailletten befüllt. Dann kommen das Wasser und ein Tropfen Spülmittel dazu. Das Gewinde des Glases bestreicht man nun mit einer dünnen Schicht Kleber und schraubt den Deckel fest darauf. Wer mag, kann noch eine hübsche Schleife herumbinden. Das Glas umdrehen und kräftig schütteln: Es wirbelt in unserer Schneekugel!

→ FÜR DRAUSSEN

Komm mit, lauf weg!

Dieses Spiel macht mehr Spaß, wenn viele mitspielen, denn der Kreis, in dem sich alle aufstellen, sollte schön groß sein. Ein Spieler ist der Antipper und schlendert außerhalb des Kreises herum. Irgendwann tippt er einem Mitspieler auf den Rücken und ruft dabei entweder „Komm mit!" oder „Lauf weg!". Damit beginnt das Wettrennen: Der Antipper läuft schnell fort, einmal um den Kreis herum. Der Angetippte muss ebenfalls sofort losrennen: Lautete das Kommando „Komm mit!", muss er dem Antipper nachlaufen, bei „Lauf weg!" jedoch muss er in die entgegengesetzte Richtung los. Wer sich nach einer Runde zuerst die freigewordene Lücke im Kreis sichern kann, hat gewonnen. Das langsamere Kind wird der nächste (oder bleibt der) Antipper.

→ FÜR DRINNEN

Das Haus vom Nikolaus

Dieses Sprüchlein hat bestimmt jeder schon mal gehört:

„Das ist das Haus vom Ni-ko-laus."

Acht Silben sind das, und genauso viele Striche hat die Zeichnung, die man gleichzeitig macht: ein Quadrat, darin ein Schrägkreuz und obendrauf ein Dach. (Wer weiß, vielleicht sieht das Haus vom Nikolaus ja wirklich so aus?)

Die Schwierigkeit dabei ist, dass diese Figur in einem Zug gemalt werden muss: Der Stift darf nicht abgesetzt und keine Strecke zweimal durchfahren werden. Dafür gibt es mehrere Möglichkeiten, aber oft bleibt man auch in einer Ecke stecken und kommt nicht weiter … Will man zwei Häuser nebeneinander stellen, erweitert man den Spruch einfach um den Weihnachtsmann:

„ … und ne-ben-an vom Weih-nachts-mann."

→ ZUM BASTELN

Weihnachtslicht

DAS BRAUCHT'S …

- Marmeladen- oder Gurkenglas
- Buntes Transparentpapier
- Teelicht
- Schere
- Kleister

… UND SO GEHT'S

Zuerst wird der Kleister gemäß Packungsanleitung angerührt. Aus dem Transparentpapier schneidet man weihnachtliche Motive aus, zum Beispiel kleine Sterne und einige geometrische Figuren. Dann bestreicht man das Glas rundherum mit Kleister und klebt das Papier darauf. Dabei können sich die Figuren ruhig überlappen, denn am schönsten leuchtet es, wenn die gesamte Glasfläche farbig bedeckt ist.

Wenn alles getrocknet ist, stellt man das Teelicht ins Glas, und schon verbreitet sich eine vorweihnachtliche Stimmung im ganzen Raum.

Christbaum-anhänger aus Salzteig

Plätzchenbacken ist eine der tollsten Sachen am Advent – bloß sind die Plätzchen dann immer so schnell weg … Diese hier hingegen sind garantiert haltbar. Sie schmecken zwar bäh, aber sehen am Weihnachtsbaum umso hübscher aus. Dazu braucht man:

- 1 Tasse Salz
- 2 Tassen Mehl
- 1 Tasse Wasser
- Nudelholz
- Ausstechformen
- Zahnstocher
- Festes Band
- Acrylfarbe
- Pinsel

Aus dem Salz, Wasser und Mehl knetet man einen Teig. Die Konsistenz ist richtig, wenn der Teig sich gut mit einem Nudelholz ausrollen lässt und nicht bricht. Ist er zu feucht, dann einfach noch etwas mehr Mehl dazugeben. Ist er zu trocken, noch etwas Wasser dazugießen.

Nun können mit den Formen munter winterliche Motive ausgestochen werden: alles, was die Förmchenschublade hergibt. Nicht vergessen, mit einem Zahnstocher ein kleines Loch nahe dem Rand einzustechen, damit man die Salzteig-Teile später auch aufhängen kann.

Nun kommen sie für etwa zwei Stunden bei 150 Grad in den Backofen. Nachdem sie abgekühlt sind, können sie noch bunt verziert werden. Ein Band durch die Löcher ziehen – und schon fertig ist der selbstgemachte Christbaumschmuck!

→ FÜR DRINNEN

Ringlein, Ringlein, du musst wandern

Alle sitzen im Kreis und falten ihre Hände vor sich, als ob sie etwas darin verbergen. Ein Kind ist der „Besitzer", es steht in der Mitte und trägt in seinen gefalteten Händen einen kleinen Gegenstand: einen Ring, Knopf oder Ähnliches. Nun geht der Besitzer von Kind zu Kind und hält seine gefalteten Hände immer kurz über die seiner Mitspieler. Dabei sagen die Kinder:

„Ringlein, Ringlein, du musst wandern, von dem einen Ort zum andern. Oh wie schön, oh wie schön, lasst das Ringlein nur nicht sehn!"

Bei irgendeinem der Kinder lässt der Besitzer seinen Ring unauffällig in dessen Hände gleiten. Der Beschenkte darf sich dabei nichts anmerken lassen! Wenn der (nun ehemalige) Besitzer einmal im Kreis herumgegangen ist, fragt er einen beliebigen Mitspieler, bei wem der Ring jetzt wohl sei. Nennt das befragte Kind den richtigen Namen, bekommt es den Ring ausgehändigt und ist in der nächsten Runde selbst der Besitzer. Hat es hingegen falsch geraten, so ist das Kind, in dessen Händen sich der Ring befindet, der neue Besitzer.

→ ZUM BASTELN

Duftende Orangen

DAS BRAUCHT'S ...
- Orangen
- Getrocknete Nelken

... UND SO GEHT'S
Die getrockneten Nelken durch die Haut von zwei bis drei Orangen pieksen. Besonders schön ist es, wenn man Muster aus den Nelken steckt. Mit ein paar Tannenzweigen, Zimtstangen und Sternanis in einer Schale dekorieren oder auf die Heizung legen. Schon nach ein paar Minuten duftet das ganze Haus dann schon herrlich nach Weihnachten!

ABZÄHLVERS

Muh, muh, muh,
im Stall steht eine Kuh.

Sie gibt uns Milch und Butter,
wir geben ihr das Futter.

Muh, muh, muh,
und raus bist du!

→ FÜR DRAUSSEN

Räuber und Gendarm

Ein gutes Spielfeld ist bei diesem Spiel das Wichtigste. Es sollte möglichst groß sein und viele Möglichkeiten zum Verstecken bieten. Bevor es losgeht, wird ausgemacht, wie weit das Spielfeld reicht und wo genau sich das „Gefängnis" befindet: Das kann zum Beispiel der Sandkasten im Garten sein oder irgendein anderer Sammelpunkt. Dann werden die Spieler in zwei Gruppen aufgeteilt: Die einen sind die Räuber, die anderen die Gendarmen.

Zuerst bekommen die Räuber eine oder zwei Minuten Vorsprung, damit sie sich über das gesamte Spielfeld verteilen und gut verstecken können. Dann fangen die Gendarmen an, sie zu suchen und einzufangen. Hat ein Gendarm einen Räuber gefunden und ihn abgeschlagen, muss dieser sich widerstandslos ins Gefängnis bringen lassen. Die noch umher laufenden Räuber können ihn allerdings wieder daraus befreien, indem sie sich unentdeckt ans Gefängnis heranpirschen und dem Gefangenen dreimal auf den Rücken klopfen. Das Spiel endet, wenn alle Räuber gefangen sind oder eine vorher festgelegte Zeit abgelaufen ist.

Um das Spiel schwieriger zu gestalten, kann man die Gruppen mit unterschiedlicher Spieleranzahl besetzen: Dann gibt es zum Beispiel nur wenige Gendarmen, aber dafür umso mehr Räuber, die eingefangen werden müssen. Besonders spannend ist das Spiel übrigens in der Abenddämmerung oder bei Nacht – aber dafür warten wir lieber bis zum Frühling ...

WINTER

Festliche Servietten falten

Am Heiligen Abend aufs Christkind warten ... Oh, da kann die Zeit furchtbar laaang werden! Um sie ein bisschen zu verkürzen, könnten wir ja noch was basteln, zum Beispiel ganz besondere Servietten fürs Weihnachtsessen. Die schauen festlich aus, und eine Nascherei zum Nachtisch ist schon mit drin. Man braucht dazu nur:

- Grüne Papierservietten
- Zimtstangen
- Schokokugeln
- Vielleicht noch Deko-Sternchen

Die Serviette wird so platziert, dass die freie Ecke nach oben zeigt. Dann faltet man die vier Lagen so herunter, dass immer etwa ein bis zwei Zentimeter Abstand zwischen den einzelnen Lagen ist.

Nun wird die Serviette gewendet. Von hinten erinnert ihre Form ein bisschen an einen geschliffenen Diamanten. Die linke obere und die rechte obere Kante so nach vorne einschlagen, dass sie mittig und gerade aufeinandertreffen. Die Serviette wieder auf die Vorderseite drehen.

Nun wird die oberste Spitze nach hinten wieder aufgefaltet. Die darunter ebenfalls, und dann wird sie unter die Lasche der darüberliegenden Spitze gesteckt. So geht es nach unten hin weiter, bis alle Lagen hochgefaltet und -gesteckt sind. Als Baumstamm kommt nun noch eine Zimtstange unter die Serviette, und mit kleinen Schokokugeln und einer Sternspitze wird es ein hübscher Weihnachtsbaum!

→ FÜR DRAUSSEN
Spurenlesen im Schnee

Wenn eine frische Schneedecke Gärten und Wälder überzieht, bleibt sie nicht lange unberührt: In dieser Jahreszeit sind mehr Tiere unterwegs, als man denkt! Und sie hinterlassen äußerst interessante Spuren im Schnee. Ist das da vielleicht die Fährte von einem Hasen? Oder war hier eine Katze unterwegs? Ein gewöhnlicher Winterspaziergang wird gleich viel spannender, wenn sich die Kinder als Spurenleser betätigen. Wo führt die Spur hin? Wo hatte sich das Tier versteckt? Wer findet die meisten unterschiedlichen Fußspuren? Und zu welchem Tier könnten sie gehören?

→ FÜR DRINNEN
Feuer, Wasser, Erde, Sturm

Bei diesem Spiel läuft Musik, zu der alle im Raum herumlaufen oder tanzen. Ein Kind darf das Spiel leiten: Es hält irgendwann die Musik an und ruft eines der vier Kommandos „Feuer", „Wasser", „Erde" oder „Sturm". So schnell wie möglich versuchen die Mitspieler, dieses Kommando auszuführen: Bei **„Feuer"** laufen alle Kinder in eine der vier Ecken des Raums. Bei **„Wasser"** rettet sich jeder auf einen Stuhl, das Sofa oder klettert irgendwo hinauf. Bei **„Erde"** setzt man sich auf den Boden. Bei **„Sturm"** hält sich jeder an einem großen Gegenstand fest, an der Stehlampe vielleicht oder am Bett – oder man sucht sich einen Partner, an den man sich klammern kann. Wer am langsamsten reagiert, scheidet aus dem Spiel aus, und wer all die Katastrophen am längsten übersteht, ist in der nächsten Runde der Spielleiter.

Natürlich kann man das Spiel auch mit anderen Kommandos erweitern, zum Beispiel: Bei **„Eis"** erstarren alle in ihrer Bewegung. Bei **„Blitz"** muss man in die Hocke gehen und den Kopf einziehen. Und bei **„Donner"** legt sich jeder ganz schnell mit dem Rücken flach auf den Boden.

→ ZUM BASTELN
Engel aus Fichtenzapfen

DAS BRAUCHT'S …
- Fichtenzapfen
- Holzkugeln (etwa 3 bis 4 cm Durchmesser)
- Weißen Pfeifenputzerdraht
- Paket- oder Juteschnur
- Filzstifte
- Blumendraht
- Dicke Nadel
- Kleber

… UND SO GEHT'S
Für die Engelshaare wird die Juteschnur mehrmals um drei Finger gewickelt und dann links und rechts durchgeschnitten. Die Mitte wird mit einem Stück Blumendraht fixiert (von dem noch ein gutes Stück überstehen sollte, weil er nachher Frisur, Kopf und Körper verbinden wird). Die Holzkugel wird der Kopf, sie bekommt mit Filzstift ein Gesicht aufgemalt. Für den Körper bohrt man mit der dicken Nadel ein Loch in den Zapfen, sodass man im Anschluss alles auffädeln kann: Der Draht mit den Haaren wird durch den Kugelkopf und in den Zapfenkörper geschoben. Damit er dort auch wirklich hält, gibt man am besten noch etwas Kleber auf den Draht, bevor man ihn im Zapfen befestigt. Falls es gelingt, den Zapfen ganz zu durchbohren (aber Obacht, nicht wehtun!), kann man den Draht sogar ganz durchschieben und das freie Ende umbiegen, dann hält's ganz sicher. Für die Flügel wird der Pfeifenputzerdraht zu einer Acht gebogen, in der Mitte mit einem Stück Schnur zusammengebunden und am Übergang zwischen Kopf und Körper festgebunden. Fertig!

RÄTSEL

Ich kenne ein Bäumchen

gar fein und zart,

das trägt euch Früchte

von seltener Art.

Es funkelt und leuchtet

mit hellem Schein

weit in des Winters

Nacht hinein.

Das sehen die Kinder

und freuen sich sehr.

Sie pflücken vom Bäumchen

und pflücken es leer.

Der Weihnachtsbaum

Blei- und Wachsgießen

Bleigießen ist ein beliebter Brauch zu Silvester. Allerdings gibt es da ein Problem: Blei ist ziemlich giftig. Wenn man die Bleidämpfe einatmet oder das Blei anfasst und danach das Knabberzeug, dann gelangt das Schwermetall in den Körper – und bleibt dort jahrelang! Es gibt jedoch eine Alternative, die auch Kinder ausprobieren können: Wachs- statt Bleigießen. Dazu braucht's:

- Ein Stück Wachs oder alte Wachsreste (oder aber, wenn alle versprechen, wirklich vorsichtig zu sein:
  - kleine Figuren aus Blei)
- Kerze
- Löffel
- Schale mit kaltem Wasser

Das Wachs (oder die Bleifigur) wird auf einen Löffel gelegt und so lange über eine Kerzenflamme gehalten, bis es vollständig geschmolzen ist. Dann wird das verflüssigte Material mit einem kräftigen Schwung in eine Schüssel kaltes Wasser gegossen. Dort erstarrt es zu einer merkwürdigen Form.

Wachs ist viel leichter als Blei, deswegen muss die geschmolzene Menge groß genug und der Schwung kräftig sein, damit das Wachs unter Wasser taucht. Tröpfelt es bloß auf die Oberfläche, bilden sich nur flache Scheibchen. Aber aufpassen beim Schwungholen – das heiße Wachs soll ja in die Schüssel und nicht auf den Tisch, den Boden oder die Hand!

Das erstarrte Objekt wird herausgefischt, und dann wird fleißig gedeutet: Was stellt das dar? Und welche Weissagung für meine Zukunft steckt wohl in diesem Symbol?